紀川しのろ 著
KIKAWA Shinoro

教養部
しのろ教授の
大学入門

ナカニシヤ出版

教養部しのろ教授の大学入門　目次

Ⅱ　しのろ教授の夏休み　55

Ⅲ しのろ教授の秋学期

Ⅳ　しのろ教授の冬休み　159

教養部しのろ教授の大学入門

Ⅰ　しのろ教授の春学期

教養部「しのろ教授」の誕生

平成元年、新しい時代を祝うかのように一つの大学が誕生した。大学の名まえは「平成学院大学」といって、元号を学校名にした、おめでたい大学である。

日の丸を掲げて祝賀ムードに包まれた平成学院大学も、今年で早二十六年、この間、無知蒙昧《もうまい》な学生とともに、勇猛果敢な教授たちが世界中から新天地を求めて集まってきた。

だが、大胆不敵というべきか、それとも無謀というべきか、家族の反対を押し切って、大都市の国立大学から山奥の小さな私立大学に移ってきた先生がいた。

それもまた、医学部と並んでプライドの高い法学部から、大学の「掃きだめ」と呼ばれている教養部へ移ってきた教授がいた。

それが、しのろ教授である。

一口に大学といっても、その中にはいろいろな部署があり、それぞれに善し悪しがある。たとえば、高度な専門技術を売りにする「高級ブティック」のような部署があるかと思えば、それとは対照的に、一般常識をたたき売る「百円ショップ」のような部署もある。

高級ブティックとは、経済学部や工学部のように専門的な知識を教授する部署なので、一括して「学部」と呼ばれ、百円ショップとは、一般的な教養だけを頒布《はんぷ》する部署なので「教養部」と呼ばれている。教養部には「学」の字が付かない。

学部の先生たちは、専門科目を学ぶ三年生と四年生だけを相手にしたいので、純真無垢《むく》な新入生を教養部に押しつけてくる。そこで、教養を売り物にする、しのろ教授の登場となった。

しのろ教授が担当するのは、一般教養の「倫理学」といって、大学一年生が最初に学ぶ基礎的な科目だ。

専門的な知識にも基礎があるように、一般的な教養にも基礎がある。その基礎の基礎を「倫理学」と呼んでいる。大学の基礎が教養部であるように、学問の基礎が倫理学なのだ。

政治学には政治倫理があり、経営学には経営倫理がある。大学の入口に教養部が置かれているように、学問の入口に教養としての倫理学が置かれている。

どのような学問であっても、学問は、つぎのような倫理的な問いから始まる。

「なぜ人は学ばなければならないのか」

一見したところわかりきった、しかしよく考えてみると答えの出ない基本的な問いは、専門の学部には置かれない。だから、教養部に置かれている。

倫理学といえば、高校の「倫理」を思い出す。ソクラテスやキリスト、孔子や釈迦の教えを、ありがたく学ぶ科目だ。大学入試の受験科目として学んで、退屈してしまったかもしれない。

大学では、いにしえの偉人のお話であっても、お客さまである学生を喜ばせるために高価な衣装をまとわせている。それが、高校の「倫理」に「学」を付けた、大学の「倫理学」なのだ。

大学の倫理学では、つぎのような問いが出される。

「なぜ人を殺してはいけないのか」

少年が人を殺せば、答えの出ない禅問答のように、問いを突き詰める。

人を殺すのはよくない。当たり前のようにも思えるが、深く考えてみるとなぜなのか、その理由を説明するのはそれほどたやすくはない。

大学の倫理学は、難問や奇問を出しては、ゲームの世界にのめり込んだ学生たちの目を覚まさせる。

「なぜ援助交際はいけないのか」

けなげな少女がお金のためにみずからの身体を提供する。夜の肉体労働に勤しみ、働きながら学校に通う「勤労学生」をたたえて、女子学生たちの関心を引き寄せる。

「なぜ人は〈なぜ〉と問うのか」

現代社会の中に生きる子どもたちに向かって、わかりやすく、楽しく語るのが、しのろ教授の倫理学だ。

倫理学を教えているといっても、倫理学を専門に研究しているわけではない。文章と人柄が別物であるように、教育と研究とはまったく別物だ。

しのろ教授は、たんに大学で倫理学の授業を担当しているにすぎない。だれがやってもよさそうな科目だが、だれもやりたがらないので、とりあえず引き受けている。大学の授業とはその程度のものだ。

大学にはたくさんの授業科目があっても、先生の数はそれほど多くはない。そこで、守備にも攻撃にも参加するオールラウンドプレーヤーのように、あるときには日本文学や社会学のような文系の科目を教えたり、またあるときには情報学や物理学のような理系の科目を教えたりする、しのろ教授の登場となった。

世間ではあまり知られていないが、大学で教えるためには国家資格も教員免許もいらない。だれが何を教えてもよい。

小学校・中学校・高校の先生たちは、例外なく教員免許を持っているが、大学には、大学の教員免許を持った先生などいない。大学の先生になるための採用試験もなければ、教育実習もない。

倫理学のような教養科目は、大学の一年生でも理解できる程度なので、教えることもそれほど難しくはない。そう思っているのは、しのろ教授だけかもしれないが。

ちょっとしたうぬぼれが災いしてか、大学に足を踏み入れてしまい、そこから抜け出せなくなってしまった、教養部しのろ教授の誕生である。

最新のテーマパーク「平成学院大学」

学校は、古ければ古いほど箔《はく》が付き、貫禄《かんろく》が出る。

大学に限っていえば、何といっても一番古いのは、起源を江戸時代にまでさかのぼる「慶應義塾大学」だろう。「義塾」と名乗るところが江戸の私塾らしい。間違っても学習塾と勘違いしてはいけない。

つぎは、「明治」という古き良き時代に生まれた「明治大学」が、ちまたではよく知られている。汗臭い男の大学というイメージを払拭して、最近では女子にも人気が出てきた。お手頃さが受けて、大学受験では一番人気だ。

モダンな大正期に生まれた「大正大学」も、その名を定着させてきた。仏教系の大学が集まってできた連合大学であることは意外と知られていない。教養主義的デモクラシーの影に隠れて、地味な印象だけが残っている。

さらに、ようやく歴史を感じさせるようになった「昭和大学」も控えている。医学部・歯学部・薬学部の三学部を持つ医療系の総合大学で、お金持ちのお坊ちゃまが全寮制で学ぶ大学としても世界的に有名だ。

いずれの大学も時代の落とし子であって、設立当時の雰囲気をそのままの形で今の時代に伝えている。

さて、われらが平成学院大学はどうだろうか。平成時代に生まれたまだまだ新しい大学だ。西洋から入ってきた大学という学校組織といえども、どの大学も名まえだけは日本語にしている。

「ICU」（アイ・シー・ユー）などといって、ローマ字を三つ並べて気取っている大学もあるが、日本の学校の多くは日本の元号、つまり和暦を付けているからおもしろい。学校名を見ただけで、創立の起源と由来がわかる。

加えて、しのろ教授の大学には、「学院」という名まえが付いている。これには深い訳がある。学院とか学園とかの名まえを付けるのは、決まってミッション・スクールだ。

ミッション・スクールというのは、キリスト教の教会が作った学校で、お猿に芸を身に付けさせるように、小さな子どもたちを囲って、信仰を植え付けようとする「人間動物園」と考えればよい。

「学園」のほうが、幼稚園児にベレー帽をかぶらせるカトリック校とすれば、「学院」のほうは、高等教育を自慢とするキリスト教主義のプロテスタント校となる。偏差値はそれほど高くはないが、異人さんの鼻と学校のプライドだけは高い。

学校とはもともと、子どもが教育を受ける「まなびや」という意味だった。小さな子どもの学校が小学校、中くらいの子どもの学校が中学校、大きな子どもの学校が大学だ。

まずは、大・中・小の三つの学校ができ、ずっと後になってから、大学の入口に高校が置かれた。高校とは、レベルの高い学校というわけではなく、大学生の入学前教育として作られた、中学校よりも多少はましな学校という意味だ。

では、しのろ教授が勤めることになった平成学院大学はどうだろうか。

平成学院大学は、一方で、日本の古き良き伝統にならい、天皇陛下に由来する日本古来の「元号」をいただきながら、他方で、西洋近代のハイカラな知的雰囲気にも魅了されて「学院」という名まえを付けている。

たんに年号だけを付けた「平成大学」であれば力も入らず、「平大」（へいだい）とバカにされるだけの気の抜けた学校になるだろうし、それほど歴史を感じさせるものでもないだろう。でもそこに、「学院」という名を付けてみれば、これがキラッと輝くアカデミックな雰囲気を醸《かも》し出す。平成時代というまだまだ新しい時代に、学院という袴《はかま》をはかせて西洋ブランドをまとわせるところが、和洋折衷の日本流だ。

学校名がいささか長いので、平成学院大学の男子学生は「平学」（へいがく）と略して呼び、女子学生は英語の「Heisei Gakuin University」の頭文字を取って「ＨＧＵ」（エイチ・ジー・ユー）と呼んでいる。

平学では「兵学」のように聞こえてしまうし、音の響きに締まりがない。かといってローマ字の「ＨＧＵ」では、すぐにも潰れてしまいそうな銀行のように見えてしまう。どちらにしても、受験生には何のことだかわからない。

学校名はダサくても、キャンパスだけは、今どきの婦女子を引き付けようとオシャレな横浜にある。

千葉にあっても東京基督《キリスト》教大学と称し、埼玉にあっても東京国際大学というように、地方の大学はやたらと東京の名まえを付けたがる。千葉にある東京ディズニーランドのようだ。ところが、東京にある国際基督教大学には「東京」が付かないのをご存じだろうか。横浜にある学校は、間違っても東京の名まえを付けたりはしない。「ヨコハマ」とカタカナで書くか、さもなければ「横濱」と旧字で書く。

学校の建物は「校舎」とはいわず、学生には無理やり「キャンパス」と呼ばせている。カタカナで書くと、それだけで広々とした芝生の庭園を思い起こさせるからだ。

しかもミッション・スクールなので、洋館の似合う高台、港の見える丘公園にあるような錯覚を起こさせる。キャンパスには、緑の芝生が敷き詰められていて、ところどころに明治時代の建物が置かれている。

もちろん平成のこの世に建てられた大学だから、芝生も人工芝で、建物もすべて模造品だ。コンクリート造りのディズニーランドのように、それとなくアンティーク調にこしらえて並べられている。

荘厳な講堂、瀟洒《しょうしゃ》なチャペル、華奢《きゃしゃ》な寄宿舎、どれをとっても、ここが日本とは思えない異文化ワールドだ。平成学院大学を強いて一言で表してみれば、ハイカラさんの撮影所「明治村」と、世界の人間博物館「リトルワールド」を一つにした、時代錯誤の新型テーマパークなのであった。

華麗なるミッション・スクール

新型テーマパークに迷い込んだ、しのろ教授が勤める学校は、オシャレなミッション・スクールだ。

ミッション・スクールとは、ミッションのためのスクールのことだが、これでは何もわからない。しのろ教授にわかりやすく説明してもらうと、ミッションとは、キリスト教を海外に広める「伝道」を意味していて、スクールとは、暇な人が勉強をする「学校」を意味している。

もともとミッション・スクールとは、キリスト教の団体がアメリカやアフリカやアジアなどヨーロッパ以外の国々で、暇な人を集めてキリスト教を布教するために設立した「伝道学校」だった。

今日では、ミッション・スクールとは、キリスト教の精神に基づいて「教養教育」を行う学校を指している。教育の目的は、聖職者やキリスト教徒を増やすための布教活動にあるのではなく、むしろ、未開の野蛮人に西欧の文化を伝えて、教養を形成して人格の向上を目指すところにある。

以上が当たり障りのない日本語での説明だ。

歴史的に見ると、日本のミッション・スクールは、近世初頭の「キリシタン学校」にまでさかのぼる。十六世紀に来日したイエズス会の宣教師によって、カトリック教会の学校が設立された。

設立当初のキリシタン学校は、聖職者の養成を目的としていたが、思ったほどの成果は挙がらなかったようだ。日本人にはキリスト教は合わなかったのだろうか。

しかしその後は、キリスト教の布教よりも、印刷技術の伝授、楽器や時計の製作、医学の臨床教授などに重点が移り、西洋の科学技術がキリシタン学校を通じて日本に普及していく。

日本人の持つ「ものづくり」の精神はキリシタン学校から生まれ、西洋に学ぶ「模倣」の精神もここで育まれたのかもしれない。

これがキリシタン学校の果たした役割だが、ここでしのろ教授に登場してもらって、日本におけるキリスト教の歴史をざっとおさらいしておこう。

一五八七年の「バテレン追放令」までに、全国各地に二百もの中等教育学校が設立され、文学・音楽・美術などの一般教養が教えられていた。さらには、長崎には神学校も設立されて、ラテン語・哲学・神学・宗教などが教えられていた。

明治時代には、横浜や東京のような開港地や大都市に布教団体が押しかけてきて、ローマ字を考え出したヘボンの英語塾のように、高等教育学校がつぎつぎに開設されている。

これによって日本にキリスト教徒が増えたわけではないが、大正時代には、学校の基盤が整えられて、昭和時代には、キリスト教の精神に基づく私立学校が相次いで設立されている。

とくに、それまで教育を受けることのできなかった女性への教育支援の功績は大きく、日本の教育史の中でも、ひときわ目立ってミッション・スクールは外国語教育や女子教育の分野で先駆的な役割を果たしてきた。山の手にお金持ちの「お嬢さま学校」が誕生したゆえんである。

さて、日本の茶道にも表千家と裏千家があるように、キリスト教にもカトリックとプロテスタントという二つの流派がある。もちろん流派によって教え方が異なっている。

カトリックの学校では、ヨーロッパ流の教育方針でもって、幼稚園や小学校にいる、スモックを着た素直な子どもたちを相手に、フランス語やドイツ語を教えている。

一方、プロテスタントの学校では、アメリカ流の教育方針でもって、高校や大学にいる、生意気になった大きな子どもたちを相手に、英語を教えている。

これは、ニーチェのように不道徳なしのろ教授による区分なので、頭の固い教育者やキリスト教の信者からは、いつもお叱りのことばを受ける。

英語でミッション・スクールというと、スラム街で貧しい人たちを助ける団体を指すらしいが、日本では、ネイティブによる外国語教育に力を入れた私立学校や、花嫁修業の代わりに教養教育を施す女子校を思い浮かべる。

どちらであっても、日本のミッション・スクールは、周りの人たちへの配慮を欠かさない。たとえば、「他人のために」をモットーに掲げてみたり、ボランティア精神をたたえて、「世の中で役に立つ人」を育てるといってみたり、教育の理念だけは、カトリックであってもプロテスタントであっても、そう変わりはない。

他者への貢献など、余計なお世話だと思うのだが、しのろ教授が通っていた学校は、地方にある公立学校だったから、宗教教育もなければ、ネイティブの先生による授業もなかった。

田舎の公立学校では、何でも自分でやり遂げる「独立自尊」が最高の価値だから、ボランティアなど迷惑千万で、外国語を話そうものなら「非国民」とののしられて石が飛んできた。

英語はすべてカタカナ読みだった。

　しのろ少年が通っていたのは、宗教色のない男子校だったから、学校の規則も至極単純で、「男女交際は明朗に」、「カゼを引かない」、「電車の中では座らない」の三つだけだった。華麗なるミッション・スクールとは対照的だ。

　病弱なしのろ少年はカゼだけはよく引いたが、学校の教えを真に受けて女の子の手に触れることもなく、電車の中では座席に腰掛けることもなかった。男子の気概というものだ。

　その後、学校の教訓が「電車の床にあぐらをかいて座らない」というものだったのに気づいたのは、純真だったしのろ少年が高校を卒業して、めでたくも東京の大学に入学したときだった。

入学式は入学礼拝

今日は入学式。桜の花が満開になるころ、キャンパスのチャペルで入学礼拝が行われる。平成学院大学では、入学式のことを「入学礼拝」と呼んでいる。新入生を歓迎する式典には違いないのだが。

赴任したばかりのしのろ教授のところにも、入学礼拝の案内が届いていた。律義で好奇心の旺盛《おうせい》なしのろ教授は、新入生のようにピカピカのスーツを着込んで、大学へと向かった。

女子大のようなミッション・スクールでは、入学式は講堂ではなく礼拝堂で行われる。結婚式にはちょうどよい大きさだが、披露宴にはちょっと狭すぎるだろうか。でも、二階席の後ろにはパイプオルガンもあって、雰囲気は悪くない。

大学の校庭には、四角の形をした教室棟のほかに、三角屋根の教会や、タマネギ屋根の牧師館、十字架の形をした図書館など、趣向を凝らした建物がある。

どれも歴史的な建造物のように見えて、外から眺めるにはよい。明治時代の建物を移し替えてそのまま使っているのではなく、本当のところは、それを模して建てられた洋館ではあるにしても。

教会の受付で名まえを告げると、受付の女の子が怪訝《けげん》な顔をしている。

「先生、今日は入学礼拝ですが……」

「ですが……」の後が続かないので、しのろ教授は心配になってきた。

「今日は入学式ですよね」

しのろ教授が念を押して聞いてみると、

「はい、入学式です。新入生と保護者がお見えになります。ですが、先生方は、役職につかれている方々で……」

「役職につかれている方々で……」のところで止まってしまった。その後の「……」には、「おまえのようなヒラの教授はお呼びではない」という響きが込められていた。

入学式のご案内とは、ご案内であって、ご招待ではなかったのだ。

初っぱなからとんだ勘違いで、赤っ恥をかいたしのろ教授は、入るわけにもいかず、かといって、せっかく来たのだから引き返すわけにもいかない。

すると、受付で指示を与えていた男性が、「どうぞこちらへ」と言って、しのろ教授を奥へと案内してくれた。

付いていくと、その男性が話しかけてきた。

「学院牧師のバテレンです。本日はご来院くださり、ありがとうございます」

受付嬢とは違って、やけにていねいな対応だった。さすがに牧師は寛容なのだ。単純なしのろ教授は、たったそれだけのことで教会が好きになった。

このときばかりは、教会で洗礼を受けてもよいと思ったのだが、さすがにそれでは節操がないだろうと、すぐに恥じ入るのだった。

モジモジしているしのろ教授に、バテレン牧師が席を用意してくれた。チャペルの最前列、理事長・学院長・学長・部長と書いてある、張り紙のある指定席のすぐ隣だった。

最前列の席に座っているのは、どうやら役職者のようだ。偉い先生方はみな結婚式のように黒の礼服に白のネクタイをしている。

しのろ教授だけはモノトーンの略服なので、牧師の制服でなければ、ユニクロで買ってきたものと思われてしまう。本当のところは、無印良品なのだが。

目立たないように小さくなったしのろ教授は、周りの先生たちに一礼をしてから、静かに着席した。

そのうちにパイプオルガンの演奏が始まった。チャペルは小さくともオルガンがあってなかなかよいものだ。そう思っていると、先ほどの牧師が出てきて、入学礼拝の開始を告げていた。

入学式ではなく入学礼拝なので、まずは全員で黙祷をして、お祈りを捧げる。

このあたりが起立をして国歌を斉唱する学校とは違っている。とはいっても、左を向いて賛美歌を歌うのも、右を向いて君が代を歌うのも、向いている方角は反対なのだが、やっていることに大した違いはない。

引き続いて学院長が新入生に向けてお祝いのことばを述べる。学長ではなく学院長という、何だか訳のわからない高貴なお方がおことばを発する。

学院長のおことばとは、しのろ教授が想像するに、総理大臣でも大統領でもなく、おそらくは、畏れ多くも天皇陛下のおことばに近いものなのだろう。

学院長のあいさつは一言だった。

「神さまのおかげで、今日ここに、わたしたちは新入生をお迎えすることができました」

まさか神さまのおかげで平成学院大学に入学できたわけではないだろうが、大学という学校に入学したのではなく、学院という教団に属することになったのを感謝するところが、さすがに学院長なのだ。

学院長のことばが終わると、理事長と学長が入学式の式辞らしきものを読み上げていた。どちらもありきたりのもので、名まえさえ入れ替えれば、どこの学校でも使えるものだった。

最後に、さきの学院牧師が聖書のことばを引いて、新入生へ贈ることばとしていた。

貴賓席に座っていた小心者のしのろ教授は、ひょっとすると祭壇に上ってスピーチをしなければならないのかと、式典の間中ドキドキしていた。

入学礼拝に出たからには、これから一年、いや数年、ひょっとすると数十年、しのろ教授はこの大学と、いや学院とお付き合いをしていかなければならないのだろうか。何だか不安になってきた、しのろ教授であった。

良い大学、悪い大学

入学礼拝といっても、新入生からすれば、平成学院大学を第一志望にしていたわけでもないから、そう緊張することもないのだろう。たんに、いくつかの大学を受験して、合格した大学の中からもっとも良い大学を一つ選んだだけなのだ。

さて、受験生が大学を選ぶ基準は決まっていて、三つばかりある。

まず大事なのは、何といっても大学のある場所だ。

どこにあるかが大事で、自宅からの通学時間やルートもさることながら、東京にあるのとその外にあるのとではかなり意味が違ってくる。

四年間も遊びに行くのだから、大学は若者向けの繁華街がある東京にあってほしい。神奈川も遊ぶにはよいが、有料老人ホームではないのだから、千葉や埼玉だけは避けてほしい。これが受験生の偽らざる気持ちだ。

つぎに大事なのは、大学の偏差値とくる。

当たり前だが、受験生は予備校が発表する偏差値表を見て、より上位の学校を選ぶ。偏差値が高ければよい学校かというと、そうとは言えない。内心ではみなそう思っていても、あまりにもはしたないので、だれもそんなことを声に出して言わないだけだ。Fランクの大学よりもAランクの大学のほうがよいに決まっている。

ちなみに、わが平成学院大学はかつてはAランクだったが、今ではBランクを通り越してCランクになってしまった。沈みかけたバテレン船とうわさされている。

最後に大事なのは、見落としてはいけない、学校の雰囲気だ。

学校の中に吹く風のことで「校風」ともいうが、キャンパスの空気を吸うと、おおよそその学校の雰囲気がわかる。

自分の通うべき学校なのかどうかは、夏のオープン・スクールか秋の学園祭に行ってみて、自分の目で確かめてから決めよう。

これら三つの基準に照らし合わせて、受験生が選んだ大学を「良い大学」と呼んでいる。

大学の良さは、受験生によって決められるから、だれにも選ばれなかった大学は「悪い大学」となって淘汰《とうた》されていく。

受験生の大学選びはこんな感じなのだが、先生たちが大学を選ぶ基準も同じなのだから、そう大したことは言えない。

謙虚なだけを取り柄としているしのろ教授にも、大学選びとなると、三つの希望がある。

第一希望は、暖かい大学である。

寒がりのしのろ教授は、東北や北海道の大学は遠慮している。かりに職があったとしても、寒い地方の大学には行きたくない。

では、暑いところの大学はどうかといえば、九州や四国の大学にも魅力を感じつつも、赴任してしまえばもはやリゾート気分で、勉強どころではないだろう。余生を送るにはぴったりだとひそかに再就職先を探している。

第二希望は、ほどほどの大学である。

しのろ教授も若いときにはまだ余力があったので、いろいろな大学で授業を掛け持ちしていた。大学には偏差値の高いところもあれば低いところもある。受験生は偏差値の高い学校を希望するけれども、先生たちはそうではない。

よくできる学生を相手にするのは、できの悪い学生を相手にするのと同じくらい大変だ。ほどほどに遊び、ほどほどに勉強する子どもたちを、しのろ教授は扱いやすいと思っている。

第三希望は、楽な大学である。

いくら環境がよくても学生がよくても、仕事が大変な学校は先生たちには歓迎されない。会社員は週休二日が普通だろうが、大学教授は週二日出勤が基本だ。二日で十時間も授業をさせる大学もあれば、四時間で済むところもある。

しのろ教授の好みはもちろん後者で、かつては週に一回だけ出勤して、四時間の授業で済ませていた。

これに待遇がよければ申し分がない。大学教授ともなれば、医者や弁護士のように高給取りだと思われているが、医者の平均年収が二千万円、弁護士の平均年収が一千万円だとすれば、大学教授のそれははるかに低い。というのはウソで、本当は、両者の中間くらいだ。

ちなみに、私立大学の場合には、年齢プラス十万円が平均月収で、それに夏と冬と年度末の三回のボーナスが付くから、月収かける二十が大学教授の平均年収となる。いくらになるかは自分で計算してほしい。

大学教授の給与は、大学によって大きく違ってくる。文部科学省直轄の国立大学が標準で、貧困県の公立大学はかわいそうなくらいに低い。

大都市にある私立大学は概して高いが、仏教系の大学は目が飛び出るほどに待遇がよくても、キリスト教系のミッション・スクールは涙が出るほどに待遇が悪い。

プロテスタント系の大学には、奉仕活動の一環なので、お金を求めてはいけないという崇高な気構えがあり、カトリック系の大学にはローマ法王へ納める上納金が必要なので、教員たちは搾取されていると聞く。

信仰心のないしのろ教授は、平成学院大学のようなボランティア大学を「良い大学」とは思いつつも、お寺の前を通るたびに、授業料がお布施となって入ってくる仏教系の大学につい憧れてしまう。

「他者への貢献」を謳うミッション・スクールの精神は、俗物主義のしのろ教授にはいささか敷居が高かった。

チャペル・アワーへようこそ

ミッション・スクールの良さは、カトリックであってもプロテスタントであっても、置かれている環境による。

教会系の学校は歴史と伝統のある学校が多いので、今でも都心の一等地に広々としたキャンパスを持っている。

平成学院大学のように比較的新しい学校であっても、タワーマンションのような校舎を駅前に建てたりはしない。

芝生に覆われた校庭、ツタの絡まったレンガ造りの図書館、中に入ると薄暗くヒンヤリとする石造りの校舎、階段を上るとミシミシと音が響いてくる木造の教会、どれをとってもミッション・スクールの良いところだ。

というのは、古くなっても校舎を改築したがらない学校側の言い分なのだが。

キャンパスの中央には決まってチャペルがある。チャペルとは学校にある教会のことで、日本語では「礼拝堂」という。

礼拝のための場所にはよいのだが、困ったことに、神聖な場所がゆえに「ご不浄」（トイレ）がない。それではだれも来ないからといって、あとから取り付けたのは簡易トイレで、どれも和式なのだ。しかも男女共用ときたものだ。

日本には、靴を脱いで畳の上に上がり、正座をしてお祈りをする教会もあるそうだから、教会に和式トイレがあってもおかしくはない。

だが、トイレに入るときには、扉の札を「空き」から「使用中」へとひっくり返し、出るときには、「使用中」の札を「空き」へと戻すことになっている。今どきこんなトイレは珍しいだろう。

流暢《りゅうちょう》な日本語を話す西洋人の宣教師も和式トイレを使っているのだろうか。キャンパスには数千人もの女子学生がいるが、「使用中」の札をひっくり返しているのだろうか。

トイレから出てきたところで、うら若き乙女と鉢合わせをしたらどうしよう。そんな心配をしてしまうしのろ教授は、まだ一度もチャペルのトイレを使ったことがない。

しのろ教授が大学に赴任してきたときの第一印象は、「上品な大学」というものだった。平成学院大学ではこれを「奥ゆかしさ」と呼んでいる。自分で自分をほめているのだから、うぬぼれが強いにもほどがある。

学校の雰囲気はそのとおりでも、学生の印象はやや違っていて、「おとなしい」ということばが一番ぴったりとくる。

よそからやってくる先生は、「学院の生徒はおとなしいですね」と口をそろえて言っているから、そのとおりなのであろう。

ミッション・スクールといえば、かつては「お坊ちゃま大学」と呼ばれるほど、裕福な家庭の子弟だけが通うことのできた学校だった。しかし今では、女子学生が大半になってしまったから、「お嬢さま大学」と呼んでもよいのかもしれない。

「お嬢さま」などメイド喫茶でもない限りもはや死語だから、「お嬢さま大学」と呼ぼうものなら、セクハラに敏感な今どきの女子学生から、大いに嫌われるにちがいない。

女性に優しい平成学院大学では、オシャレなキャンパス生活を演出するため、昼休みには「チャペル・アワー」を開いている。これも学生サービスの一つで、教育産業のたまものだ。

午前の授業が終わると、「ゴンゴーン」と教会の鐘が鳴り響き、学生たちがチャペルに集まってくる。「キンコンカンコン」という宮殿の鐘ではなく、「ゴーン、ゴーン」というお寺の鐘とも微妙に違う。

パイプオルガンの演奏も聞こえてきて、演出にも抜け目がない。教会に集まってお祈りをする合図だ。

チャペルの前でビラを配っていた学生に誘われて、しのろ教授も中をのぞいてみた。

ほんの数名しかいなかったが、学生たちが学校の教会で日々のお祈りを捧げていた。学院ではこれを、「礼拝を守る」と表現している。

学校が創立されてから毎日続けられてきたたし、これからも一日も欠かさずに続けていくので、「礼拝をする」とは言わずに、「礼拝を守る」と表現するのだそうだ。「守る」ということばには、信仰のもつ強い意志が読み取れる。

礼拝を守り続ける平成学院大学は、みずからを「ミッション・スクール」とは呼ばずに、日本語で「キリスト教主義学校」と呼んでいる。

キリスト教主義学校と言い切るのも、キリスト教を宣伝して、信仰心のない学生たちをキリスト教徒に変えようとするのではなく、むしろ、自分たちの信仰を守り抜こうとする固い決意の現れだろう。

「主義」とは、まるでマルクス主義のようでいかにも大げさだが、時代錯誤のこの名称を守り続けるのも命がけなのだ。

主義主張のないしのろ教授などは、「どちらにも偏らずにバランスを取りましょう」などと言って、倫理学の授業では中国の朱子やギリシアのアリストテレスの名まえを持ち出しては、学生たちに「中庸」を勧めている。

毎日二十分もお祈りをする時間があれば、大学生にはぜひ漢字の書き取りと計算ドリルを十分ずつやってもらいたい。信仰心のない教授は、不謹慎ながらもいたってまじめにそう考えている。

聖書のことばを覚えるのも、TOEICで八百点を目指すのも、それはそれでよいのだが、大学の授業についていけるように、大学生ならば、まずは漢検三級くらいを取得してから入学してきてほしい。

入学礼拝が終わってチャペル・アワーが始まるころ、先生たちは授業の準備に入る。

授業は「お子さまメニュー」

四月一日の入学式が終わると、授業ガイダンスが始まる。授業は二週目からなので、そのまえに新入生を集めて、大学にはどのような科目があるのかを説明する。

たいていの高校であれば、毎日決まった時間に学校に来て、決まった教室に入っていくと、先生がやってくる。だが、大学には、自分の教室もなければ机もイスもない。授業に合わせて学生が教室を移動するのであって、先生たちも同じように授業に合わせて教室を移動する。

時間割も同じだ。高校までは時間割は先生たちが作ってくれた。ところが、大学には決まった時間割もないので、学生が自分で自分の時間割を作らなければならない。数百もある授業科目の中から自分で好きなものを選んでいく。

「好きな科目を選んで授業を受けてください」

といっても、大学に入ったばかりの新入生にそんなことができるはずもなく、高校までがんじがらめの規則に縛られていた子どもたちが、大学に入ったとたんに何でも自分でできるようになるはずもない。

「どの授業を取ったらよいのかわかりません」

学生たちがそう言ってくるので、大学のほうでは、ファミレスの「お子さまメニュー」よろしく、必修科目・選択必修科目・選択科目という三種類の科目を用意している。

「必修科目」とは、必ず学ばなければならない科目のことで、「給食」のメニューのようにあらかじめ決められている。

平成学院大学では、英語とキリスト教を「メインディッシュ」にして、一年生に無理やり食べさせている。これに加えて、コンピュータリテラシーも必修になった。これで「読み・書き・そろばん」がそろったことになる。

英語やパソコンはともかくも、キリスト教まで必修にしなくてもよいのではないだろうか。しのろ教授はそう思うのだが、すぐに言い返されてしまう。

「ミッション・スクールだから、キリスト教は必修です」

「だから」を使った因果関係の説明としては、すこぶる乱暴な論理だが、学生たちには、「学院の教育理念ですから」と説明しているらしい。

実のところは、キリスト教の科目が必修でなくなれば、学生が集まらず先生が余ってしまうから、というのが本当の理由だ。授業は学生のためにあるのではなく、先生のためにある。

必修科目のつぎに「選択必修科目」がある。

必修なのか選択なのかよくわからないが、入学時に、いくつかの科目の中から一つを選んでおく科目らしい。

選択外国語のことで、英語以外の外国語も必ず一つは選んで学ばなければならない。あとからだと面倒だから、あらかじめ「ドリンク」を注文しておくようなものだ。

「なんだ、第二外国語のことか」と思ったのは、バブル世代のしのろ教授であった。

むかしは第一外国語が英語で、第二外国語はドイツ語かフランス語と決まっていた。英語は必修だから、ドイツ語かフランス語のいずれかを選んで学べばよかった。

へそ曲がりのしのろ青年は、ドイツ語を第一外国語にして、フランス語を第二外国語にしていた。英語が十分にできたからではなく、英語にまつわる悲しい思い出があったからだ。どのような思い出なのかは恥ずかしくて書けないから、あとは読者の想像に任せるしかない。

教養部にいたしのろ青年は、大学一年生で国語と漢文を学び、それとは別に、ドイツ語とフランス語を四年間も学び続けた。もちろん自分の意志で学んだわけではない。三年生になると、これに加えてラテン語とギリシア語も学ばなければならなかった。すべて原書講読のための練習だった。

かなりハードなカリキュラムなので、当時、四年間で大学を卒業できたのは同級生の半分以下だった。

無事に大学を卒業するよりも、中途で退学するほうが箔《はく》が付く時代だったので、留年をしても中退をしても、当時はだれも気にとめることがなかった。

箔を付けそこねて卒業したしのろ教授は、古き良きのどかな学生時代を懐かしく思い出すのだった。

昨今では、英語以外の外国語を学ぶ必要はなく、「第二外国語」ということばも死語になったと聞く。グローバリゼーションの影響で英語が唯一の国際語となり、外国語とはすなわち英語のことになってしまった。

ドイツ語やフランス語のようなオシャレな言語が人気を失ってしまい、中国語や韓国語のような地味なアジアの言語に学生の関心が集中しているのも、隔世の感がある。

ヨーロッパ語ばかりを学んで、中国語も韓国語も学ぶ機会のなかったしのろ教授は、感慨深くそう思うのだった。

必修科目と選択必修科目のあとにようやく「選択科目」がやってくる。しのろ教授が担当している科目は、なぜだかすべて選択科目となっている。

選択科目とは、食後の「デザート」のように、学部や学年にかかわらず、すべての学生が自由に選んでよい科目だ。

一見したところ、学生に選択の自由が与えられているように見えるが、これも教育サービスの一環で、新自由主義経済に基づいた規制緩和の一つである。

実をいえば、あってもなくてもよい、それほど重要ではない科目のことで、選択科目とは、学生が卒業するために単位を稼ぐ「楽勝科目」の別名にすぎない。だからこそ、しのろ教授ごときに授業が任せられるともいえる。

選択科目とは、しのろ教授が担当している倫理学のように、甘いだけの科目なので、食べても害はないが、栄養にもならない科目のことをいう。

個人教授から白熱教室まで

大学では、授業を受けにくる子どもたちを「学生」と呼んでいる。幼稚園に遊びにくる子どもが「園児」で、小学校に学びにくる子どもが「児童」である。これが、中学校と高校では「生徒」となり、大学では「学生」となる。ついでにいえば、その上の大学院では「院生」となる。大学用語では、大学院に入ることを「入院」といい、大学院を終えて無事に社会に出ていくことを「退院」という。

園児から院生まで、いずれも「お子さま」なのだが、子どもといっては失礼なので、しのろ教授は「お客さま」と呼んでいる。カモがネギをしょってくるように、子どもたちが授業料をしょって学校へとやってくるからである。

学校の授業は、決まった教室で一クラスごとに行われる。一クラスの生徒数はおおよそ三十人から四十人くらいと考えてよいだろう。だが、大学ともなると、大きな学校と書くから、一クラスの学生数は半端ではない。講義ともなると、百人ほどになる。

アメリカの先生で、マイケル・サンデルという人の授業には、毎回千人もの学生が押しかけるそうだが、しのろ教授の授業には、かつて千二百人もの学生が押し寄せたことがある。これは世界最高記録で、ギネスブックにも載っている。

サンデル教授の授業は、学生たちとの議論で盛り上がるから、「ハーバード白熱教室」と呼ばれているが、しのろ教授の授業は、先生一人が興奮して熱く語るものの、オヤジギャグを飛ばして教室を寒くしているだけだった。

もちろん大学の授業には、大人数の授業もあれば、少人数の授業もある。大人数が数百人だとすれば、少人数は数人となる。

科目によっては先生一人に学生一人となる。まるで大学院の研究指導だが、しのろ教授も一度だけマンツーマン授業を経験した。

まだ若かりしころ、准教授（当時の名称は助教授）時代のしのろ青年は結婚相手を探すために、湘南女子大学の文学部でゼミを担当していた。

名目上はだれでも取れる選択科目だったが、何を考えたのか、一人の女子学生がその科目を独占したいばかりに、他の学生に申し込みをしないようにと触れ回っていた。

何も知らないしのろ准教授は、その女子学生と二人で毎週授業をしていた。

最初は、テキストを読んだり、学生の発表を聞いたりしていたものの、たった二人きりの授業ゆえ、そのうちに教室でおしゃべりをするだけの授業になり、最後は、喫茶店に行って、いっしょにお茶を飲むだけの授業となった。

しのろ青年としては、ほのかな期待を抱きつつも、好意を寄せる女子学生とニアミスを重ねることはあっても、それ以上のところまでは行かなかった。

相手の期待を裏切ってしまったのではないかと一人残念がったが、これはこれで懐かしい喫茶店での個人教授だった。

しかし今では、客が一人でもいればよいほうで、個人教授を通り越して、だれもいない授業もある。

先生一人に学生はゼロ。学生が履修登録をしているから、授業としては成立しているが、学生は教室にやってこない。学生のいない教室で、先生一人が寂しく時間をつぶしている。

だれも履修していなければ、開講を取り止めてもよいが、学生が一人でも登録していると、その一人のために授業を開かなければならない。

平成学院大学では、オルガンの授業がそうだ。チャペルにあるパイプオルガンを弾くだけの授業で、最初はおもしろそうだと思って参加してみても、思った以上に大変だと知ると、だんだん出席者が減ってきて、最後は決まって「開店休業」になる。

これはまだよいほうで、ザビエル学長が担当している「大学研究」などは、履修者がいたためしがない。

大学研究とは、学長が新入生向けに大学の理念と歴史を語る授業だが、学生からすれば、好きで平成学院大学に入ってきたわけではないから、そんなものにはいっこうに興味が湧かない。結局のところ、だれもいない大教室で学長一人が独り言をつぶやくだけで終わってしまう。

少人数の授業があるからには、どこかに大人数の授業がなければならない。むしろ、選択科目はだれでも取れる科目なのだから、大人数の授業になるほうが多い。

御多分に漏れず、多人数授業となったしのろ教授の授業では、教室が学生であふれないように、最初の授業で抽選をしたり、受講できる学生数をあらかじめ制限したりした。だが、どのようにしてもうまくいったためしがない。

抽選をすれば、抽選に漏れた学生からクレームが出るし、人数制限をすれば、なぜ制限するのかと、学生ではなく保護者から電話がかかってくる。

それではということで、先着順の受付にしてみたところ、申込日の朝五時から正門前に長い行列ができてしまった。これに懲りて、先着順の受付も取り止めになった。

たくさんの学生が来てくれると、ケインズ経済学を信奉するしのろ教授は、素直にうれしい。なぜかといえば、授業を受ける学生数に応じて、大学から手当が出るからだ。

平成学院大学では、学生一人につき十円の手当を出すことになっている。三百人の学生が来れば、一時間の授業で三千円ものお小遣いがもらえる。

それ以来、遠視が始まりかけたしのろ教授には、学生の顔が十円玉に見えるようになった。

もちろん、たくさんの学生がやってくるのは、授業がおもしろいからではない。たんに単位が取りやすいからにすぎない。そんなことはしのろ教授が一番よく知っている。

いよいよ授業開始です

四月八日、いよいよ授業開始だ。しのろ教授は、六百人収容の一〇一教室に向かう。担当する科目はすべての学生が履修できる一般教養科目なので、ホールのように大きな教室で授業をする。

本館一階にある大教室に入ると、「テケテン、テケテン」と心の中で太鼓を叩きながら、しのろ教授は教壇に上がっていく。

本人としては、落語の名人・六代目三遊亭圓生《えんしょう》のつもりなのだが、教壇に上がると、とたんに喜劇俳優のミスター・ビーンになってしまう。

まずは一声、しのろ教授は大きな声であいさつをする。

「みなさん、おはようございます」

「先生、おはようございます」

応えてくれるのは、最前列に陣取っている女子学生たちで、学生たちの間では、しのろ教授の「親衛隊」と呼ばれている。

教授のキャラに惹かれてやってくる、ちょっといかれた娘たちで、しのろ教授の甘い声と優しいトークにうっとりしている。

かつてしのろ教授にも、親衛隊とのちょっとしたアバンチュールはあったものの、それ以上に深まることはなかった。残念に思いながらもほっとするところが教授の情けないところだ。女子学生に詰め寄られて、身を引いてしまったことを今更ながらもったいなかったと後悔している。

さて、ニュートンのようにひらめく、しのろ教授が発見した法則によれば、良い授業とは学生が先生の話を聞いている授業で、悪い授業とは学生が先生の話を聞いていない授業だ。学生の気を引く「万有引力」の法則を侮ってはいけない。

大学生ともあろうもの、学校の授業なのだから、物静かに先生の話を聞いているかと思えば、そんなことはない。「静かにしなさい」と大きな声を張り上げている先生は多く、私語のない授業など皆無に等しい。

平穏な授業を強いて挙げるとすれば、ザビエル学長の「大学研究」くらいしかない。何といっても、この授業には学生はだれも来ないのだから、学長の独り言が私語のようにこだましている。

学生が授業を静かに聞かないといっても、しかしそれは、まじめに授業を聞かない学生に非があるのではなく、むしろ、つまらない授業をしている先生のほうにこそ責任がある。自分のことは棚に上げて、しのろ教授はそう考えている。

教育界の通説では、授業の善し悪しは授業内容にはまったく関係がなく、もっぱら先生の話し方によるというから、先生の話し方がおもしろければ、それだけで学生の満足度も上がるにちがいない。

「授業はエンターテインメントだ。楽しくなければ授業じゃない」

これがしのろ教授のモットーだが、かといって、教授の授業が楽しいかといえば、そういうわけでもない。

一クラスに六百人もの学生がいれば、いろいろな学生がやってくる。

教授の好みはまじめな学生でも、質問にくる学生は手間がかかるから嫌いだ。ときどき休みながら、来たときにはきっちりとノートを取り、いざとなったら試験でもしっかりと答案を書いてくれる「自立した」学生が理想的だ。

そんな学生は現実には少ないから、できるだけ負担がかからないように、適度に手抜きをしながら授業を進めていく。

長年の経験に基づいた授業の進め方は、おおよそつぎのとおりだ。

まずは、先生が教科書を読み上げる。その間、学生たちは黙って先生のことばを聞き、教科書を目で追っていく。

つぎに、先生が教科書の内容をわかりやすく説明する。説明を聞いた学生たちは、教科書に線を引いたり、書き込みをしたりしながら内容を理解していく。

そして、学生たちは渡された小さな紙に、教科書の内容をまとめたうえで、授業の感想を書いていく。

大学には、「コメント用紙」といって、授業についての質問や要望を書き込む小さな紙が用意されている。しのろ教授は毎回この用紙を配り、学生たちに授業のまとめと感想を書いてもらう。

授業のまとめは、教科書の大事なところをつなぎ合わせて書けばよいから、いたって簡単だ。

感想のほうは、自分の考えを書かなければならないから、学生たちにとっては一苦労だ。ほんの四百字程度の論文であっても、自分の考えを書くのは大変なのだ。

二十分ほど経って終わりのチャイムが鳴ると、最前列にいる親衛隊が学生たちの書いた小論文を集めていく。これでようやく授業が終わる。

授業終了後、学生たちが書いた小論文を持って、しのろ教授は駅前のスタバへと向かう。キャラメルマキアートをすすりながら、その日のうちに小論文に目を通していく。

教科書の内容をまとめるのはよいにしても、自分のことばで自分の考えを表現するのは大変だ。教科書に書かれていることをあたかも自分の考えであるかのように書き写してくるのも、自分で考えたこともなければ、考えを聞かれたこともないのだから、しかたがないのかもしれない。

小論文を読んでいると、授業に出ていた学生たちが集まってくる。先生に興味があるというよりも、友だちが何を書いているのかを知りたいのだろう。

今日もまた、学生たちにフラペチーノをごちそうして、採点を済ませていく。

広くて浅い「教養」とは

しのろ教授が担当している「共通科目」は、かつては「教養科目」と呼ばれていて、学部や学科の専門科目とは違って、広くて深い知識を指していた。どの学部やどの学年にいても、一般的な知識だけは身に付けておこうというのがその趣旨だった。

しかし、アリストテレスのように深遠な思想の持ち主であるしのろ教授には、広くて深い知識などあろうはずがなく、専門科目が狭くて深い知識の獲得を目指しているとすれば、教養科目は広くて浅い知識の獲得を目指しているはずだと思われた。

ザビエル学長をはじめ、大学の先生たちはみな、広くて浅い知識などというと、とたんにアレルギー反応を示すから困ったものだ。

浅いものは下らないもので、深いものは大したものだという暗黙の了解があるから、大学の先生たちは、広くても狭くてもよいから深いものを求めようとする。

懐の広いしのろ教授は、これとは反対に、自分のやっていることは知識の表面を浅くなぞっただけで、これこそが教養だと開き直っている。深い知識など本当はなくて、たとえあったとしても、それはたんなる錯覚でしかない。

今日、このような考え方は、二十世紀最大の思想家ハイデガーに倣って、「現象学的解釈学」もしくは「表象論」と名づけられ、二十一世紀の教育目標に据えられている。

まずは浅く広くいろいろなものを学んでみて、つぎに、その中から関心のあるものをもっと深く学んでいけばよい、というのがしのろ教授の基本姿勢だ。だから、広くて深い知識など、そんなものははじめからない、と考えてしまう。

真理は深遠なものだと思ってありがたがるのは、古代ギリシアの哲学者アリストテレス以来の「形而上学」であって、時代錯誤の大きな勘違いにすぎない。

いつでも、どこでも、だれにでもあてはまるようなものを「真理」と名づけたのは、かのカント先生であったが、今ではそのようなものは「作り物」であってだれも信用しない。

かりに真理があるとするならば、それはいくつもあって、変わりうるものだ。だがそんなものはもはや真理とは呼べない。これまで神さまのように崇められてきた真理など、もはや通用しない。

近代の終わりをニーチェが宣言したとき、神が死んだのだとすれば、広くて浅いだけの教養こそが、二十一世紀の教育目標であり、新しい時代の目指すべき指針となるはずだ。

そんなことをしらふで言えるのは、どんと構えて何事にも動じないしのろ教授と、小手先の技に終始している文部科学省だけだろうが。

では、教養とは何だろうか。

「教養とは、個人が社会とかかわり、経験を積み、体系的な知識や知恵を獲得する過程で身に付ける、ものの見方、考え方、価値観の総体である」

文部科学省の役人用語で、一体全体何を言っているのかチンプンカンプンだ。教養のない学生にも理解できるように、しのろ教授はつぎのように言い換えてみた。

教養とは、子どもが成長して、友だちができて仲良くなったり、あるいはケンカをしたりして、いろいろなことを学びながら、他人の良いところや嫌なところを見つけたり、自分の良いところや嫌なところを見つめることができるよう、大人になるまでに身に付けておくべき力である。

大人になるまでに身に付けたいものには五つある。文部科学省のホームページから引用しておこう。

1　社会とのかかわりの中で自己を位置付け、律していく力、向上心や志を持って生き、より良い新しい時代の創造に向かって行動する力
2　我が国の伝統や文化、歴史等に対する理解を深めるとともに、異文化やその背景にある宗教を理解する資質・態度
3　科学技術の著しい発展や情報化の進展に対応し、論理的に対処する能力や、これらのもたらす功罪両面についての正確な理解力、判断力
4　日常生活を営むための言語技術、論理的思考力や表現力の根源、日本人としてのアイデンティティ、豊かな情緒や感性、すべての知的活動の基盤としての国語の力
5　礼儀・作法など型から入り、身体感覚として身に付けられる「修養的教養」

教養の中身は盛りだくさんだ。頭の中が混乱してきたので、デカルトのように明晰判明なしのろ教授に整理してもらおう。

1　教養とは、自分がどこにいるかを知り、自分の場所を守りながらも、たえず上に向かってがんばろうという意気込みである。
2　教養とは、自分が生まれ育ったところを大切にし、その中にあっても、外がどうなっているかにも興味を示す好奇心である。
3　教養とは、全速力で駆け抜けながらも、たえず進むべき方向をチェックして、ときには立ち止まることもできる勇気である。
4　教養とは、自分の考えを組み立て、上手な方法で伝えることにより、他人に自分のことをわかってもらうための技術である。
5　教養とは、体を鍛えることでみずからに磨きをかけ、身も心もともに健全でたくましく、文武にわたり秀でた振る舞いである。

しのろ教授がわかりやすく言い直すと、教養とはざっとこんなものになる。

とはいっても、まるで道徳の教訓のようで、今さらこんなことを言っても、だれのこころもつかむことはできないだろう。

文部科学省が唱える教養教育は、それはそれで間違ってはいないが、当たり前のことを言っているようで年配の人にはインパクトがないだろうし、当たり前のことすらわからない若い人にはピンとこないであろう。しのろ教授はそう思うのだった。

II　しのろ教授の夏休み

がんばれ「掃きだめ」教養部！

大学には、大きく分けると、学部と教養部という二つの部門がある。

学部とは、文学部や理学部のように専門科目を学ぶ部門であり、教養部とは、語学や体育や教養のような一般科目を学ぶ部門である。

浅薄なしのろ教授がいるのは、もちろん教養部のほうで、共通科目を担当する先生たちの部署だ。学部の専門科目を担当させてもらえないので、口の悪い老教授ヨーダからは「掃きだめ」と見下されているが、しのろ教授は「掃きだめに鶴」と言って自分を慰めている。

しのろ教授が大学生だったころ、大学は二年間の教養課程と二年間の専門課程に分かれていた。最初の二年間で教養を身に付け、その後の二年間で専門的な知識や技術を身に付けることになっていた。

しかし、中年になったしのろ教授が教える今の大学では、建前上は、四年間を通して専門科目を学び、同時に教養科目も学ぶことになっている。改革好きの文部科学省は、これを「四年一貫教育」と呼んでいる。

そうはいっても、たった四年で専門的な知識が身に付くはずもなく、実際のところは、専門科目の入口のところを教養科目と読み替えて、専門科目の中身のほうは外枠をなぞるだけで終わってしまう。肝心なところは自分で学んで、社会に出て行ってくださいというわけだ。

学生にとって一番大事なのは、大学を無事に卒業して「大卒」の学歴を手に入れることだ。大学での勉強は、教養を身に付けるためでもなければ、専門的知識を学ぶためでもない。そうではなくて、就職をするための準備にすぎない。

一言でいえば、大学とは就職のための予備校なのだが、歴史的に見ると、学生の要求と大学の目標が少しずつ変わってきたのがわかる。

十九世紀に教養教育から出発した日本の大学教育は、二十世紀になってしだいに専門教育へと変わっていき、二十一世紀に入って専門教育から職業教育へと一挙に転換した。

二十一世紀の今となっては、大学で教養を身に付けるなど、学生からすれば「なんで今さら？」となってしまうし、先生のほうからしても、「なんで学生に？」となってしまう。「教養などいらない」と思うのは、お互いさまだ。

学生にとっては、大学に入学するとは、法学部や工学部のような「学部」に入学することであり、政治学科や建築学科のような「学科」に入学することである。そこで専門的な知識や技術を学んで、社会に出て行くことを意味している。

学生は、学部・学科の専門科目を学びたいのであって、教養科目を学びたくて大学にやって来たわけではない。

ところが、先生のほうには教えたいものがあるから、学生に無理やり自分の科目を学ばせようとする。科目がなくなれば先生はいらなくなるから、自分の科目が「学生にとって」必要な科目にちがいないと、どの先生も思い込んでしまう。

自分の考えを固く信じて疑わない、このような考え方を「信仰」という。異なる考えを受け入れることができず、他人との「違い」を「間違い」として退けるような考え方を「主義」という。さらには、自分は正しくて他人は間違っているから、教えてあげようとするのが「教育」である。

優柔不断で頭の柔らかいしのろ教授からすれば、信仰も主義も教育も、いずれも非常に危険な考え方だ。

平成学院大学は、教育理念としてキリスト教主義を掲げている。「主義」というところがいかにも堅苦しいが、そう思うのはしのろ教授だけで、頭の固い学院は、主義主張を曲げることも引き下げることもできない。

英語は、すべての学生が学ぶ必修科目となっていて、どの学部の学生であっても必ず学ばなければならない。英語の聖書を教科書に使うのも、英語を教えるふりをして、キリスト教の教えをたたき込むためである。すべての学生に教えるのだから、英語が堪能《たんのう》なキリスト教の先生も多い。

英語の科目があるからキリスト教の先生がいるのか、キリスト教の先生がいるから英語の科目があるのか。おそらくは後者が正解なのであろう。学生のために学校があるのではなく、学校のために学生がいるのだから。

突き詰めて考えれば、教養科目は、学ぶべき科目だから大学にあるのではなく、大学に教養の先生がいるから、教養科目があると言える。

それでは、いっそのこと教養科目を選択科目にしてみてはどうだろうか。学生たちが自由に選んで学ぶことができれば、そのほうがよいのではなかろうか。教養科目を担当しているしのろ教授は、そう考えるのだった。

大学には、法律学や経済学のような、すぐにも役立ちそうな専門科目を教えてくれる、ありがたい先生もいれば、しのろ教授のように、どう考えても役立ちそうにない教養科目を教える、いてもいなくてもよい先生がいる。

学部の先生たちは、社会のためになること、人の役に立つこと、ひいては自分の将来のためになることなど、何かの役に立つ学問を教え、学ぶ意義を強調する。

それに対して教養の先生たちは、今すぐには役立たないけれども、長い目で見ればいつかは役立つかもしれない学問に希望を託す。

「教養はボディーブローのように、あとからじっくり効いてきますから」

こう説明しても、目の前にある利益しか見ようとしない学生のこころをとらえるのは、難しい。学生たちに遠い将来の夢を語っても、ことばは届かないだろう。

「すぐに役立つ」とか「いずれ役立つ」とかではなく、学生には、「役立たないけれど、でも楽しいですよ」と言ってあげたいものだ。しのろ教授はつくづくそう思うのだった。

教授会「会議は踊る、されど進まず」

教養部と学部とでは、学生のレベルが異なっていても、教員の仕事には、それほど変わりがない。

大学教員の仕事には四つあって、重要度からいえば、一に研究、二に教育、三に社会活動、四に校務となる。研究と教育はわかるとしても、社会活動と校務とは何だろうか。

社会活動とは学会や講演会のような学外での活動で、校務とは会議や入試のような学内での雑務だ。

大学では月に一回、教授会が開かれる。教授会といっても、教授が集まる会議ではない。部署ごとに専任教員が集まって、話し合いをする職員会議のようなものだ。

平成学院大学では、第一水曜日、大学本館の会議室に教員が集まる。午後一時に始まることになっているが、定刻にやってくる教授はいない。時間どおりに行こうものなら、十分も二十分も待たされるので、頃合いを見計らってから研究室を出ていく。

時間に遅れて悠然とやってくるのが大学教授の威厳というものか。半数の先生がそろったところで、ようやく教授会が始まる。

平成学院大学では、何事もまずはじめに全員でお祈りをする。教授会もお祈りで始まり、お祈りで終わる。

かのバテレン牧師が厳《おごそ》かにお祈りのことばを読み上げる間、先生たちはみな神妙な顔をして目をつぶっている。

これも、しのろ教授がキョロキョロと先生たちを見回しているからわかることなのだが、よく見ると、天敵のゴーマン部長だけは目をしっかり見開いて、しのろ教授を監視していた。

こころを落ち着かせてから、大事な議題に入る。

だがそのまえに部長の話がある。これがまた途方もなく長い。理事会や評議会といった大学中枢部からの連絡に始まって、教務部や学生部などの各種委員会の会議報告が続く。

これを一人で延々とやるからたまったものではない。黙って聞いているだけで疲れてしまう。

質問でもしようものならもっと長引いてしまうので、みんなじっと黙って堪え忍んでいる。書類を配ればそれで済むことなのにと思っても、そこは重要なところなので、みなさん聞いてくださいと部長が言えば、それに従わざるをえない。

一時間ほど部長の報告を聞いたところで、やっと議題となる。議題は審議事項なので、教授会で決定しなければならない大事な事柄だ。

とはいっても、いずれも学内での細々とした約束事にすぎず、大学の存亡にかかわるような大した出来事ではない。ましてや世界史が変わるような一大事件が起こるわけもない。

表向きは、学部の行事や授業の計画、学則の改定や学生の賞罰、試験の方法や成績の調査など、事細かな教育上の手続きを一つひとつ審議して決めることになっている。

だが実際には、ゴーマン部長とゴマスリ主任があらかじめ案を考えてきて、それが出されたところで承認される。

ほぼすべての議題がこのようにこなされていくから、議論のための会議というよりも、根回しのうえでの形式的な儀式にすぎない。このあたりは会社の会議と同じだろうか。

部長が提案をすると、若い先生たちは黙ってそれに従わざるをえない。これでは議論が成り立つはずはなく、たんなる同調者が増えるにすぎない。いっそのこと、これについてはどのようにしますかと、問題提起をすれば議論も盛り上がるにちがいないのだが、先生たちはみな、保身のためか部長には逆らわない。

こうして議題についてもゴーマン部長が独り言のように延々と説明していく。だれも反対するものはいないから、すべての議題が提案どおりに承認されていく。

一通り議題が承認されると、最後に人事案件が審議される。人事はもっとも重要な議題だが、でもそのときには夜も更けてきて、そろそろ帰宅を急ぐ高齢の先生方も出てくる。老教授ヨーダなどはまっ先に帰宅する。

ところで、人事案件とは、講師の手配から始まって、教員の募集と審査そして採用まで、とても面倒な手続きだ。

非常勤講師の手配であれば、専任教員がこの人を推薦したいといって履歴書と業績書を回せばそれで済むが、専任教員の採用ともなると、学科や専攻の力関係もあって、うまいように事が運んだためしがない。

自分のグループに有利に働くような提案がいくつも出て、議論はいつも平行線をたどる。最後は水掛け論になってしまうので、決着を付けるには投票によるほかはない。

投票をすれば、人数の多い学科や専攻が勝つに決まっているから、はじめから勝負は見えている。それでも、建前上はみんな平等なのだから、対等に議論をして結論を出したことになる。こうして、実効性のない議論だけを形式的に繰り返して、空腹に耐えられなくなったとき、教授会は終わる。

大学という学問の世界での議論とはおよそ考えられず、これではまるで地元の有力者がにらみをきかせる町内会のようだ。

それでも議論の機会を設けているだけましであろうが。そうはいっても、いったん話し合いを始めると、どの先生も自分の考えが正しいと思い込んでいるうえに、それなりに弁が立つから困ったものなのだ。議論は行ったり来たりで、堂々巡りを繰り返す。

言い出したら引き下がることもできず、ソフィストをいじめるソクラテスのように、相手の揚げ足を取ることだけに喜びを見いだす、まるでサディストの集会だ。これが大学の教授会かと思うと、ほとほと呆れ返る。

マゾっ気があって打たれ強いしのろ教授は、教授会ではわざと反対意見を述べて反感を買い、挙げ句の果てにはひんしゅくも買い込んでいる。

委員会はチャイルドケア

教授会とは別に、大学にはさまざまな会議がある。

ザビエル学長やゴーマン部長のような偉い人たちが集まって大学の経営を話し合う会議もあれば、しのろ教授のような下っ端教員が集まって授業や学生のことを話し合う会議もある。

経営にかかわる大事な会議を理事会や評議会というのに対して、教育や学生にかかわるどうでもよい会議を委員会という。

委員会には、授業全般を取り扱う教務委員会もあれば、学生をサポートする学生委員会もある。大学の入口をあずかるのが入試委員会で、大学の出口をあずかるのが就職委員会だ。全部を合わせると、委員会の数は三十を優に超える。

平成学院大学には、図書委員会や国際交流委員会のようなアカデミックな委員会もあれば、宗教委員会やボランティア委員会のようなミッション・スクールならではの委員会もある。人権委員会や環境委員会などもあって、これではまるで衆議院や参議院の小委員会のようだ。

役職に就いていても就いていなくても、どの先生もいずれかの委員会に所属しなければならない。ゴーマン部長に盾突くしのろ教授は、一番手間のかかる、しかし大学にとってはそれほど重要ではない、学生委員会の委員にさせられてしまった。

モンテスキューのように民主的な考えを持つしのろ教授は、大学の委員も国会議員のように選挙で選ばれるものだと思っていたが、どうやら会社のように上の方が勝手に決めてくるようだ。それでもって、役立たずのしのろ教授には、どうでもよい職が回ってきた。

学生委員会というのは、文字通り学生にかかわるあれやこれやを決める委員会で、そこで決まったことを、大学の事務所を通じて学生たちに伝える。

あるいは逆に、学生が学生課の窓口を通じて大学に伝えてきたことを受けて、それに対応する部署ということになっている。

簡単に言えば、学生が良いことをすれば褒めてあげて、悪いことをすればしかってあげる部署のようだ。学業成績が良ければ学生に奨学金を与え、乱暴や狼藉を働けば学生を処罰する。

だから、学生が良いことをしても悪いことをしても、そのたびにしのろ教授は委員会へと呼び出される。

平成学院大学には懸賞論文やスポーツ奨励などがあって、優秀な学生には賞状や賞金をあげる。年間に百三十万円という高額の授業料を取っているのも、大学の名まえを宣伝してくれた学生にキャッシュバックをするためだ。

それとは逆に、電車やバスのなかで騒いだり、ご近所さまに迷惑をかけるような学生には、罰金を課すことにしている。こちらのほうは、退学をちらつかせて、三十万円ほどの寄付金を要求する。寄付という名目で罰金を取るとは、何ともあくどい商売だ。

学生委員会の活動そのものは、たんなる会議なので、各学部の教員が集まって問題を話し合うだけだ。

それでも、学生の処分となると、どの学部の先生たちも、自分の学部の学生には甘く、よその学部の学生には厳しいから話がこじれてくる。だれにも等しく接すべきだと考えるのは、自分の学生を持たない教養部の先生くらいで、中立的な立場を保つしのろ教授は、問題に深入りしたくないので、いつも傍観者に徹している。

委員の仕事としては、学生の後始末をするのはもちろんなのだが、学生相談員として、学生の悩み事も聞いてあげなければならない。これではまるで民生委員のようなものだ。

学生からの相談といっても、大学での学習についてならまだしも、下宿先でのトラブルからサークル内での人間関係まで、ありとあらゆる問題が寄せられる。

街角の人生相談でもなければ、専門のカウンセラーというわけでもないので、しのろ教授は学生の話を聞くだけなのだが、これだけで満足して帰っていく学生も多い。ひょっとすると、だれでもいいから話を聞いてほしいだけなのかもしれない。

それならば、デパート前の占い師のところに行くか、サイトで気の合う人を探してほしい。大学の中で問題の解決を図りたいのであれば、学生には専門のカウンセラーを紹介している。しかしその後、学生がカウンセラーを訪ねたのかどうかはわからない。このあたりがちょっと気になるところだ。

今の学生は、小さいときから何でも先生に相談するように育てられてきたのだろうか。友人関係から恋愛問題まで、大学の先生に聞いてどうするのかと思うようなことまで聞いてくる。自分で問題を解決してみようとは思わないのだろうか。

大学には学生相談室のほかにカウンセラー室もあるが、それでもまだ足りないので、平成学院大学ではチャペルにある懺悔《ざんげ》室のような小部屋を使って学生相談にあたっている。面倒見のよさがミッション・スクールの売りなのだろう。

学生委員の先生たちは毎年、年度の始まりには、はとバスのように黄色い旗を立てて、新入生を率いてキャンパスツアーを行う。そのときは必ず、保健室と相談室に立ち寄ってから、カウンセラー室も回ることにしている。

学生委員のしのろ教授としては、何だか幼い子どもを相手にしているようで、大学生にそこまでしなくてもと思うのだが。

大学に入学したばかりの若きしのろ青年も、かつては「五月病」にかかったことがある。上京したばかりで新しい土地にもなじめず、連休明けにうつ病を経験したのだった。最近では、これも新入生に限らず、また一年を通して見られる現象なのだそうだ。

一説には、受験の緊張から解放された若者が入学した大学に失望しただけの「燃え尽き症候群」らしい。大学とは、失望と失恋を繰り返す場所なのだろう。

夏休みは海外出張中

お子さまの扱いにも慣れてきた春学期の終わり、七月の教授会には「海外出張願」が大量に出される。七月下旬から九月下旬まで、夏休みはたっぷり二か月あるので、先生たちはここぞとばかり海外に逃亡する。

大学での出張とは、大学に命じられてどこかに出かけて行くものではない。先生たちがどこかに行きたいから、「行ってもよいですか」と願いを出す。

国内出張であれば、いつでもどこでも好き勝手に出かけてよく、あとから旅費を請求すればよい。交通費と宿泊費が出て、おまけに一万円の日当も付く。

海外出張の場合には、あらかじめ教授会で承認を得てから出発する。とはいっても、夏休みが終わってから、「実は海外に出かけていました。事後承認になりますが、よろしくお願いします」と言えば、それで済む。

日に焼けた顔は周りに何人もいるから、お互いさまなのだろう。頭をペコリと下げれば何でも許してもらえるところが大学らしい。

出張の扱いはとってもゆるい。このあたりは会社の出張とは全然違うのではなかろうか。会社勤めの経験がないしのろ教授は、そう思うのだった。

国内出張であれば、学会や研究会に出席するため、東京や京都に出向いていく。先生によっては、助手や院生を連れていくが、美人秘書を同伴して退職させられたイケメン教授もいた。

子煩悩なしのろ教授は、出張にはいつも子どもたちを連れていく。飛行機や新幹線に乗れるので、子どもたちは喜んで付いてくる。見張り役の娘たちがいっしょなので、浮気を疑うしのろ教授の奥さま、ナオミさんも安心して夫を送り出せるというわけだ。

海外出張であれば、一家を引き連れて、ハワイやグアムにいく先生も多い。

ハワイやグアムなどで学会など開かれるのだろうか。あんなに暑いところで研究調査などできるのだろうか。

素朴な疑問を抱きながらも、性格が素直なしのろ教授は、日本の暑さを避けるためヨーロッパやアメリカへの家族旅行を企てる。

ヨーロッパは生まれ育ったところなので、勝手がわかって安心だ。食にうるさいしのろ教授は、ハプスブルク家の領地を中心に、イベリア半島からバルカン半島までを回っていく。

何の取り柄もないしのろ教授も、たくさんの国から講演に招かれたことだけが自慢だ。西はスペインから東はユーゴスラビアまで、講演に出かけた国は数知れない。ロシア科学アカデミーからの招待を断ってしまったことだけが、今でも悔やまれる。

最近では、中国や韓国など、アジア諸国にも出向くようになった。それでも、なぜだかアメリカからは声がかからない。ひょっとすると英語が話せないからかもしれない。

しのろ教授の場合、海外出張といっても、表向きは学会発表や資料収集となっているが、本当のところは、避暑と休養が主な目的だ。

学期中は出来の悪い子どもたちの世話に追われているので、休みのときくらいはのんびりさせてほしい。

「大学の先生には夏休みがあっていいですね」

おつむが悪い学生にこう言われるので、腹の底ではお互いさまだと思いながらも、そのたびにしのろ教授はこう答えている。

「休みが多くていいですよ。うらやましいでしょう」

こう答えれば嫌みも吹っ飛んでしまい、あとは笑ってごまかせる。とはいっても、そこは大学の先生なので、休みがあれば趣味の研究に没頭している。休みの日に、本当に休んでいる大学の先生などいない。

大学教授とは、一年中休みだから一年中働いている、特殊な職業なのだ。

しのろ教授の同僚のように、夏休みにまとまった時間を確保して論文を書いたり、二か月で本一冊を作り上げたりするチョウゼツ先生もいる。

そこまで能力のないしのろ教授は、学生にも大学にも邪魔されないように、夏休みになると逃げるように日本を脱出する。観光旅行ではなく、ただたんに雑音を消して、心身ともにリフレッシュしたいだけなので、一箇所にじっとしている。

海外で一か月ほど別荘を借りて、のんびりと過ごす。日本のウサギ小屋を離れて、郊外にプール付きの豪邸を借りるので、そのときばかりはセレブな気分を味わえる。

広々とした天然芝の庭園に娘たちを解き放ち、枝もたわわになった果物をもぎ取らせる。奥さんが買い物かごを下げて出かけると、しのろ教授は中庭のテラスに陣取って、パソコンを開いてパチパチとくだらないエッセイを書き始める。

毎年のことだが、これがしのろ教授の夏休みだ。

日本の夏を忘れて、海外生活にもようやく慣れたころ、秋の新学期に合わせて帰国の途につかなければならない。

駄々をこねる子どもたちを何とか説得して、無理やり日本に連れて帰る。外国で生まれ育った子どもたちには、日本の学校は息が詰まるのだろうか。

無事に帰還してやれやれと思っても、日本ではあいかわらずの暑さが続いている。うだるような残暑のなか、夏休みの宿題に追われる子どものように、しのろ教授は海外出張の報告書を書き上げる。

しばらくの間、俗世の雑事を逃れていたので、思うように筆も進まず、ツクツクボウシの鳴き声をBGMにしながら、報告書をでっち上げるだけで終わってしまう。

「あーあ、はやく海外に行きたいなあ」

毎年のことながら、今年もしのろ教授の口からは、ため息のようなことばが口癖のように出てくるのだった。

人事は大事な他人事

夏休みが始まるとすぐに、大学の人事部が動き出す。昨年度で退職した先生の補充をするため、来年度の採用人事に取りかかる。

定年で辞めた先生、他の大学へ移った先生、病気で辞めた先生など、大学の先生たちは、体がひ弱なうえに精神的にも敏感なので、よく病気をするし、すぐに死んでしまう。

先生の数は学校の規模によって決まっているから、足りなければ補わなければならず、多すぎれば減らさなければならない。

文部科学省が定めた大学の設置基準によれば、国立大学では学生十人に先生一人、私立大学では学生二十人に先生一人の割合になる。教員は多くなく少なくなく、一定数に保たなければならない。

同じ規模の大学であれば、国立大学には私立大学の二倍の教員がいるから、国立大学の学生は私立大学の学生よりも二倍も恵まれていることになる。

文部科学省の論理では、国立大学の学生は頭がいいのだから、先生が多くて当然なのだ。私立大学に勤めるしのろ教授としては、むしろ逆だと思うのだが。

数の論理は単純でも、選び方には方法がある。たとえば、英語の先生が足りなくなると英語の先生を補充するのだが、補充の方法には公募と推薦の二つがある。

専任教員の場合には、原則、一般公募をして教員を採用する。広く募集をして応募者の中から最良の人を選ぶ。

非常勤講師の場合には、専任教員がこの人を採用したいと推薦すれば、よほどのことがない限り、その人が採用される。

それでも、ドイツ語やフランス語のような人気のない科目だと、そうはいかない。補充枠を英語の先生に取られたり、人気の出てきた中国語や韓国語へと差し替えられてしまう。

しかし、いずれの場合であっても決め手となるのは、学生にとってどの科目の担当者が必要なのか、ということではない。辞めていった先生の後任を決めるのは、すべては残っている先生たちの力関係による。

人事で大事なのはパワー・ポリティックスであって、それが如実に表れてくるのが専任教員を任用する場合だ。

専任教員とは、会社でいえば正社員なので、女子学生に抱きつくようなセクハラさえ起こさなければ、定年まで居座ることができる。大学教員の定年は、国立大学が早くて六十五歳くらい、私立大学は遅くて七十歳くらいだ。

理想的なパターンを想定してみよう。二十二歳で大学を卒業し、二十四歳で大学院の修士課程を修了して、二十七歳で博士課程を修了する。それから数年、非常勤講師として働いて、うまくいけば三十代前半で専任講師になれる。

だが現実には、三十代後半で正規の職にありつければ運がよいほうで、四十歳を過ぎても非常勤講師を続けている人はけっこう多い。やっと就職できても、定年までは長くても三十年、短ければ二十年といったところだ。

大学院の博士課程を修了する人の数が毎年一万六千人だとしても、大学教員のポストは毎年八千くらいだから、単純に計算しても、半数の博士さまがフリーターにならざるをえない。これが大学教員市場の現状だ。

だから、大学教員になるための「イス取りゲーム」は熾烈《しれつ》を極める。教授会で教員採用人事が議題に上がると、ゴーマン部長とゴマスリ主任のコンビが策動して、まずは担当科目を決める。

担当科目が決まると、つぎに、科目に合わせて審査委員会を立ち上げる。五人の審査委員が公募案を作り、夏休みが始まるころインターネット上に教員公募を掲示して、応募者を募る。夏休みが終わったところで、いっせいに審査に入る。書類審査では、履歴書・研究業績書・教育の抱負・授業計画・推薦書などを回覧していく。

大学教員の募集なので、書類の中では研究業績がもっとも重要なはずだ。五名の審査委員が百名を超える応募者の書類に目を通して、それぞれを十点満点で評価する。

審査委員の点数を総合して上位五名を選び出したところで、教授会に書類審査の報告をする。教授会の承認が得られれば、上位候補者の五名を呼んで、面接をしたり、模擬授業をしてもらったりして、総合的に評価する。研究者としての学力と教育者としての意欲を見るのだ。

そこまで終わったら、審査委員会が候補者を一人に絞り込み、教授会に推薦する。教授会で承認されると、今度は、評議会・理事会に回されて、そこで最終的な決定がなされる。候補者の選抜は教授会の権限だが、最終的な決定権は経営者にある。

大学の人事で会社と違うところは、コネが効かないところだろうが、それでも「情実人事」はある。大学の中にも、お気に入りを応援したり、推薦したりする人はいる。

かつてゴーマン部長は、自分の息子バカボンを専任講師に採用しようとした。さすがにこれには部長の子分たちも白紙投票をしたから、最終的には提案を取り下げざるを得なかったが、ただそれだけのために臨時の教授会が四回も開かれた。

最近では、しのろ教授のように、採用したあとで役に立たないことがわかる教員もいるから、試用期間を設ける大学も出てきた。

試しに一学期だけ雇ってみて、その後、正式に雇用するのかどうかを理事会が判断する。満足のいく働きができたら任期のない正社員として迎え入れられ、そうでなかったら六か月でお払い箱になる。

お試し期間を設けると、役立ちそうな有能な教員と、上司の指示に従う従順な教員だけが生き残っていく。というのは役に立たないしのろ教授の言い分にすぎず、口答えばかりしているしのろ教授などは、すぐさまクビにされるだろう。

学長は総選挙かジャンケン大会で

教員公募が終わると、先生たちの人事異動がある。

プロ野球選手のように、他校の教員と入れ替えるトレードもあれば、ドラフト会議のように、若くて優秀な研究者を獲得するオークションもある。教員市場も奴隷の競り市と変わらない。

新しい先生を確保するのと同時に、先生たちの中から役職者を選ぶのも夏休みの大事なイベントだ。

平成学院大学には、学長・部長・主任のほかに、理事・評議員もいれば、ミッション・スクールなので学院長もいる。これらの役職者を夏休みの間に選出する。

選び方はいたって簡単で、みんなで選挙をする。選挙といっても、拡声器で名まえを連呼したり、選挙ポスターを張り出したりするわけではない。たんに教員名簿を配って、投票用紙に名まえを書き込んで投票するだけだ。

投票は権利であって義務ではないから、もちろん投票しないこともできる。大学の先生たちはへそ曲がりなので、何やかや言って理屈をこねくり回しては、投票しないことの言い訳を見つけてくる。

逆に、ここぞとばかりに選挙活動に精を出す輩《やから》もいて、こんな奴もいたのかと思い出すほど、そのときだけは一生懸命になって働く政治家もいる。そういったけしからん奴をはやし立てるお調子者も少なくない。

研究や教育には力を注がないが、学内の足の引っ張り合いに生き甲斐を感じている仙人ヨーダのような老教授も多い。若いころにはまじめに働いていたのだろうが、何十年も同じところに勤めていると弊害も生まれてくるようだ。

大学の中でもっとも大事な選挙は学長選挙で、つぎは部長選挙だ。理事や評議員は経営者だから、有識者と呼ばれる企業の経営者が外部から役員として呼ばれてくる。学長や部長は直接に大学の教育と研究にかかわるから、大学の先生たちにとって他人事ではない。

平成学院大学はミッション・スクールなので、かつては、先生の全員がキリスト者でなければならなかった。だが、そんなことを今の日本でやっていれば、まともな先生が集まるはずはない。

誤解を招かないように付け加えておけば、キリスト者の中にまともな人がいないというのではない。正しくは、まともな人の中にキリスト者がいないということだ。

数年前から平成学院大学では、教員の採用条件を「キリスト教に理解のある人」とトーンダウンしている。しかも、「大学案内」の中で、「キリスト教を理解するとは、キリスト教を批判することである」と宣言しているから、さすがにプロテスタントだと感心する。

しのろ教授などは、口先での批判は得意だから、キリスト教を理解しているという顔をしている。本当のところは、よくわからないといったところだが。

しかし今でも、学長だけはなぜだかキリスト者に限られている。だから、学長になりたい人は、まずはキリスト者にならなければならない。

「キリスト者」といっても自己申告制なので、自分で自分をキリスト者と思えば、それだけでキリスト者になれる。教会に属している必要もないし、カトリックでもプロテスタントでも、どちらでも構わない。いたって自由な信仰告白だ。

今でも、すべての教員をキリスト者に限っている学校もあるから、その学校に就職するために入信する不届きな輩もいる。就職難のこのご時世だから、何としても職がほしいのはわからなくもないが、これではあまりにも節操がないだろう。

平成学院大学の学長も、かつては俗人であったらしいが、学長選挙に立候補するためにキリスト者になったと聞く。精神的な葛藤の末に円形脱毛症になり、以来「ザビエル」と呼ばれている。信仰心のかけらもないのだが、お山の大将になるために入信するところが俗人の俗人たるところだ。

ザビエルのように、票集めのために電話をかけまくり、一斉メールを送って自分に投票するようにと宣伝する奴もいる。それとは逆に、「現職のザビエルだけには入れないでくれ」といってくる政治屋ヨーダもいて、選挙戦は泥仕合の様相を呈する。

しのろ教授のように、学内の政治活動にかかわりたくなければ、投票をしなければよいのだが、投票しなければしないで、それはそれで「五千円で票を売ってくれ」といってくるダフ屋もどきのゴマスリ主任も出没する。

マックス・ウェーバーに倣って学問の政治からの中立を説くしのろ教授は、票を入れるのも入れられるのも嫌いなので、遠くから静かに眺めている。選挙期間中は、研究室のポストとドアには目張りをして、電話が鳴らないようにコードを抜いておく。

声を潜めていない振りをしていると、いつの間にか投票も終わっている。開票作業に入ると、左右入り乱れての泥仕合も鳴りを静めて、夏の終わりを迎える。

選挙の方法はいたって単純で、二百人の専任教員が大教室に集まって、いっせいに投票する。一回目の投票で五人の上位候補者が選ばれ、二回目の投票で四人に絞られ、三回目の投票で三人になり、四回目の投票で二人になる。そして最後、五回目の投票で一人を選ぶ。

過半数を取ればそこで終わりなのだが、そんなことは五回目の決選投票まで起こりえない。ローマ法王の選出のように、コンクラーベならぬ「根比べ」で、幾度となく投票を繰り返して、一人の候補者に絞っていく。投票のたびにあちらこちらで作戦会議が開かれるから、アカデミックな大学も政治村と化していく。

いっそのこと、ジャンケン大会でガチンコ勝負をして、大学のセンターポジションを決めてしまえば簡単だ。そうすれば、しのろ教授もひそかに憧れているマリコさまが学長になってくれるかもしれない。背が高くてサディスティックであれば、上から目線の学長にはもってこいだろう。

部長の愛人マリア

大学中枢部の役員選挙に合わせて、末端教員の補充人事が行われる。公募をして新しい先生を採用するのにも、自由競争という市場の原理が働いている。

だが、アカデメイアに由来する大学の歴史をたどると、教員を公募で採用する方法は、つい最近のものだとわかる。

偉大な哲学者プラトン先生も、一番弟子のアリストテレスにではなく、甥のスペウシッポスに学長を継がせていた。古代ギリシアの理想は、能力主義ではなく世襲制だったのだ。

世界史を振り返って見ると、「大学教授になるための方法」には三つのパターンがあったことがわかる。

まずは大学を卒業して大学院に進学し、大学院を修了してから助手になり、専任講師となるのが本筋だった。これが二千年にわたる学問の古き良き伝統をなしてきた。平成学院大学の老教授ヨーダなどはこのタイプで、学者としての資質よりも、当人の性格や助手としての使い勝手のよさが優先された古代社会の残滓《ざんし》だ。

大学に四年、大学院に五年在学し、助手として三年間雑務をこなして専任講師になる。そのまま七十歳の定年まで在職すれば、合計で同じ大学に五十年も通うことになる。ぞっとするのは大学を渡り歩くしのろ教授で、六十歳を過ぎてようやく教授に昇進したヨーダ翁には、感慨深いものがあるようだ。

つぎは、大学を卒業して大学院を修了すると、指導教授が非常勤講師の職を紹介してくれた時代だ。数年の苦労を耐え忍ぶと、「駅弁大学」の専任講師職が回ってくる。地方大学の講師が都市部の大学に栄転したところで、つぎの人が赴任していく。これを順を追って繰り返していくと、青年が修業遍歴を経て成長していく教養小説のように、上昇志向の近代市民社会が成立する。

今では、大学院を修了しても就職できる人は半分以下だから、途方もなく長い年月をアルバイトで食いつないでいくほかない。空きができるまでは非常勤講師を続け、四十歳くらいでようやく就職の道が開けてくる。あくまでも可能性のままにとどまる、博士号を持った高学歴ワーキングプアの氷河期だ。

大学教授は、なるのが難しいだけに、医師と弁護士と並んでステイタスの高い職業だ。医学部に入るのと同じくらい司法試験に合格するのは難しいが、それとは違った意味で、大学教授になるのは難しい。子どもの数が減り、大学入学者数に陰りが見えてきて、需要と供給のバランスが大きく崩れたからだ。

少子高齢化の時代を迎えて、高学歴が当たり前になった。大学を出ていれば学士さま、大学院を出ていれば博士さまといって、珍しがられた時代はとっくの昔に終わってしまった。「末は博士か大臣か」と詠われた時代とは、今はまったく違うのだ。

大臣の数が二十人としても、博士の数は毎年一万六千人、大学教授の数は十八万人にも上る。それでも、若き日のしのろ青年が大学教授になりたいと思ったのには、深い訳がある。

「大学教授の奥さんになりたい」

学生時代に思いを寄せていたマドンナが、将来の夢をそう語っていた。憧れの君は、大学教授になりたいのではなく、大学教授の奥さんになりたかったのだ。

結婚相談所の調査によれば、女性が希望する結婚相手は、医師・弁護士・大学教授の順番だ。

頭がよくてお金持ちの医師が一番人気で、頭がよくてお金がありそうな弁護士がそれに続き、その後に、頭がよくてお金のなさそうな大学教授が三番手に付ける。

医師の平均年収が二千万円だとすれば、弁護士や大学教授は一千万円そこそこなので比べようもないが、今のような不況時には、自営業の医師や弁護士よりは、サラリーマンの大学教授のほうが安定した職種かもしれない。

ただし、大学教授夫人になりたいというのは、金銭的な欲求というよりも、何かしら社会的な地位や身分に与りたいという女性の見栄なのではなかろうか。このあたりの女心は、女性経験の浅いしのろ教授には難しくてわからない。

しのろ教授のナオミ奥さんは、若かりしころにはつぎのように語っていた。

「いつもいっしょにいられるから、大学の先生と結婚したい」

結婚するまではそう語っていた奥さんも、専業主婦となった今では、大学の先生と結婚してしまったことをひどく後悔している。

「大学の先生はいつも家にいるから、やっぱり普通の会社員と結婚すればよかった」

大学教授夫人ともなれば、世間体はよいのだが、頭の固い偏屈な学者先生が一日中家にいるのだから、息が詰まって大変なのだろう。

大学を卒業しても社会に出たくないのか、学生の中にも、「大学に残ってもいいですか」と聞いてくる不届き者が現れてきた。

婚活中のしのろ准教授が湘南女子大学に勤めていたころには、就職先が決まらなかった卒業生を、嫁入り先のない娘を家事手伝いにするように、一年限りで助手に採用していた。

売れ残りの娘たちに手を焼いて、どうにも困ったものだと思っていると、最近では、「この子はなかなか気が利くから」とか言って、お気に入りの女子学生を手元に置いておこうとするスケベじじいも出てきた。

ゴーマン部長などはその最たる者で、教授会の席で愛人マリアを助手に推薦して、これは情実人事などではなく、純粋に学問的な業績を評価しての推薦なのだと開き直っていた。

セクハラに敏感な若い先生たちは唖然としていたが、しのろ教授だけは、女子学生を愛人にしているとは何ともうらやましいと思ったのだった。

主任からの極秘指令

ゴーマン部長を見習って、お気に入りの女子学生を助手にしたいところだが、しのろ教授には、手足となって働いてくれるような学生もいなければ部下もいない。それでも、大学も一つの組織なので、そこにはれっきとした階級制度がある。

上からいえば、学長・部長・主任・教授の順になっていて、しのろ教授は、ただの教授、ヒラの教員なので、組織の中では一番下だ。

軍隊の階級制度に例えていえば、私立大学の教授は肩書だけの准将で、主任が少将、部長が中将、学長はその上の大将になる。

国立大学だと階級が一ランク上がって、教授が少将で、主任が中将、部長が大将だとすると、学長が元帥となる。

さらにその上もあって、文部科学省のキャリア事務官が参謀総長となる。

この序列が露骨に現れてくるのは、出張のときの座席だ。

飛行機であれば、学長はファーストクラス、部長と主任はビジネスクラスだが、教授はエコノミークラスとなる。

鉄道であれば、役職者はグリーン車に座れるが、ヒラの教員は普通車となる。くやしいので、しのろ教授はいつも自腹でグリーン券を買っている。でも、国際線のビジネスクラスは高すぎて乗れない。

教員からすれば、学長も部長も主任も、会社でいえば上司にあたるが、大学は民主的な組織となっているので、上司や上長のような呼び方はしない。互いに「さん」付けで、名まえがわからなければ「先生」と呼び合っている。

教授会では、部長や主任に会っても、簡単なあいさつを交わすだけで、まともに話しかけたりはしない。

学長にいたっては、まだ会ったこともなければ、この目で見たこともない。学長は雲上人だから、しのろ教授のような下っ端教員にはお目通りが許されない。

学長が大学の代表とすれば、部長は各学部の代表で、主任は各学科の代表となる。会社でいえば、社長・部長・課長となるから、中間管理職の主任が、役職者と平社員の間に立って苦労を引き受ける。

学校も会社と同じような組織だが、とりわけ大学の先生たちはわがままなうえに、自分こそが一番優秀なのだと思い上がっているから、役員と教員の間を行き来する主任のところにしわ寄せがくる。

理事会や評議会で決まった大事な就業規則を、部長が教授会で報告しても、主任が各学科の先生に伝達しても、自分たちに不利に働けば、先生たちは耳を傾けないし、従おうとはしない。会社ではそんなことはありえないだろうが、ここが大学の大学らしいところだ。

まずは「お願い」といって、主任から連絡がくる。

「シラバスを提出してください」、「成績評価を送ってください」、「会議に出席してください」、というような当たり障りのない言い方で、メールが送られてくる。

一斉メールで全員に送っているのだから、気にとめる人はだれもいない。

しばらくすると、同じ内容を印刷したプリントが各教員のポストに入っている。主任から助手へ指示が出たのだろう。

それでも知らない振りをしていると、宛名の付いたメールが主任から送られてくる。よく読むと、主任が送っているのではなく、助手が送っているのだとわかる。メールをちょいと開いてみればすぐにわかることだ。助手が送ってきたとわかると、先生たちはまだ動かない。

そうこうしているうちに、提出物の期限も過ぎてしまう。困り果てた主任が、今度ばかりは自分でメールを送ってくる。さすがに電話をかけてくることはないが、メールを受け取ったほうもやれやれ困ったものだと思って、ようやく重い腰を上げる。

先生たちは腰を上げただけで、それ以上は動こうとはしない。ついに堪忍袋の緒が切れたのか、主任は「業務指示」と書いた、いかにも事務的な文書をメールで送ってくる。メールの本文に、ワードの添付ファイルが付いている。

それでも無視を決め込むと、もうどうにもならないと思ったのだろう、主任は上司にあたる部長のところに頼みに行っていた。

上司に当たるゴーマン部長は、教員の扱いに慣れた古ダヌキだから、ちょちょいと「業務命令」という、タイトルだけはものすごい脅しの文章を書いて寄越してくる。ゴマスリ主任の「業務指示」を、ゴーマン部長が「業務命令」にパワーアップしたものだ。

部長名の命令書を持った主任が、町内会の組長さんのように、先生たちのところを回っていく。まるで時代劇の番頭さんのような役回りだが、厳封してある業務書類を仰々しく主任が教室まで持っていく。

呼び出してもメールを送ってもポストに手紙を入れても見向きもされないので、わざわざ主任が授業中の教室を回って、先生たちのところへ部長の命令を届けにいくのだ。

命令といっても、書かれているのはいつも同じで、「書類を提出してください」とある。ここまでは主任の指示といっしょだが、部長の最後の締めのことばがなかなかいい。

「提出しなければこうなりますよ」という脅し文句で終わっていて、たいていは「学長に伝えることになる」とあるのだが、ときには「懲戒処分にすることもできる」というのもあった。「することもできる」というのは、なかなかうまい表現だ。

これではまるで、「先生に言いつけるぞ」と捨てぜりふを吐く子どもと同じだろう。こんな脅しでハイそうですかと素直に従うのは若い先生だけで、今日もまた、ゴーマン部長の空文句と、ゴマスリ主任だけが学校中を走り回っている。

ヒゲ理事長とハゲ学院長

平成学院大学には、大学を代表するザビエル学長のほかに、学校法人を代表するヒゲ理事長と、学院を代表するハゲ学院長がいる。

学長は大学の責任者で大学の顔だ。教員の代表として、学識もあって人望も集めるベテラン教授が選ばれるはずなのだが、現実には、人物に寄せられる信頼や期待よりも、むしろ票の取り集めがうまい古ダヌキが選ばれる。

学長のザビエルは、学者としてはぱっとしないし、学生や保護者からすると、講演が下手なのでいま一つインパクトに欠けるらしい。だが、教員を手なずけるのには長けている。

平成学院大学には、附属の幼稚園・小学校・中学校・高等学校から大学院まであって、同じ一つの学校法人なのだが、それらを経営上で支える代表者が理事長だ。学院は千人もの教職員を抱え、その人たちを養っていかなければならない。

理事長とは、ダブルのスーツを着て、ヒゲを生やした偉そうなおじいさんを想像すればよい。会社でいえば代表取締役のようなもので、実質上は筆頭株主の社長だ。

学長が教学上の責任者だとすれば、理事長はその上に立つ権力者で、あの世と違ってこの世では金と権力が物を言うから、キャンパスのなかに理事長の銅像はあっても学長の銅像はない。

学長が教員の選挙によって選ばれるのとは対照的に、理事長は実社会で実務経験を積んだ会社経営者から抜擢《ばってき》される。ミッション・スクールであれば、経営母体である宗教法人から送り込まれたり、あるいは、創立者の子孫が相続のように代々継承したりする。

出自がどうであれ、理事長は学校経営が傾かないように配慮するゴリゴリの資本主義者だ。銀行からの融資が受けやすいようにと、退職したばかりの元UFO銀行頭取が平成学院へ天下ってきたのも納得がいく。

偉そうにヒゲを撫でている理事長が学校の金庫番だとすれば、お経を唱えすぎて髪が薄くなった学院長は学校の良心とも言える。金銭への執着はちっともなく、「ボロは着ててもこころは錦」がハゲ学院長のモットーだ。

ミッション・スクールともなれば、かのバテレン牧師のように私利私欲を捨て、他者のために自己を犠牲にし、そこに喜びを見いだすマゾ的体質が理想とされる。学院の空気は、いささか屈折してはいるが、現世とは違ってさわやかですがすがしい。

平成学院には、資本主義の精神を体現した理事長と、キリスト教主義の精神を体現した学院長が、並んで立っている。ヒゲ理事長とハゲ学院長の双頭制度である。これにザビエル学長を加えると、三頭政治となる。

古代のローマ共和制では、ポンペイウス・カエサル・クラッススの三人が権力を握っていたが、現代の平成学院では、ヒゲ・ハゲ・ザビの三人が足を引っ張り合っている。

キリスト教主義と資本主義が綱を引き合うキャンパスでは、ボランティアセンターとキャリアセンターが互いを牽制している。

大学の正門からは、学生たちが就職活動の一環と称して、用意されたバスに乗り込んで被災地の復旧作業へと向かっていく。

一日の作業が終わって大学に戻ってくると、学生たちは日当をねだるばかりか、休んだ授業の単位を要求してくる。大学側は、奉仕活動なのでお金も単位も出せないとは言いつつも、「ボランティア大使」などといった表彰状を学生たちに配っている。

そういう学生たちも、近隣住民との交流を深めるためか、通学路で騒ぎ合ったり、バスの中で傍若無人に振る舞ったりするものの、小銭を出し合って海外に小学校を建てるための募金活動をしている。まことにこころ温まる風景で、俗物のしのろ教授にまねをするのは難しい。

これもキリスト教主義による学校教育のたまものだろう。そう思って、しのろ教授は学生たちの活動を静かに眺めている。学生の生き方には、どこかでキリスト教の精神が生かされているはずだし、大学のキャンパスにも、その精神がくっきりと表れているはずだ。

荘厳なゴシック様式の校舎を作って威厳を示すカトリックの学校とは違って、平成学院大学は、ウェーバーの『プロテスタンティズムの倫理と資本主義の精神』を手本にして、ボランティアセンターとキャリアセンターを中心とする、モダンでかつシンプルな校舎を建ててみた。

当初は、被災地にある仮設住宅のような、シックな木造二階建てだったが、建て替えたときに費用が足りなくて、コンクリートむき出しのポストモダン様式になってしまった。

理事長の願いは、芝生で囲まれたキャンパスに三十階建てのツインタワーを建てることで、低層階は貸しビルにして賃貸収益を上げ、高層階を教室にする予定だ。

莫大な建設費がかかるため、郊外にあるキャンパスを売却して得た利益で、都心の一等地を確保したい。そうなれば、より多くの受験生を獲得できるだろうし、学生の満足も得られるだろうというのが、学校経営者としての戦略だ。

収益を上げることが理事長の関心事だとすれば、学院長は正反対のことを考えている。事あるごとに「他者への貢献」という建学の精神を反芻して、「滅私奉公」を掲げて自己犠牲による自己実現を強要してくる。

そろばんを弾いている理事長の仕事ぶりも、お祈りを捧げている学院長の御心も、それはそれで筋が通っているようにも見える。

しかし、自分のためであっても他人のためであっても、会社のためであっても社会のためであっても、どちらの考えも、子どもたちのこころには届いていないのではなかろうか。

政治と宗教、政教分離が現代社会の基本なのだが、ミッション・スクールでは両者が車の両輪のように密接に結びついている。国王と法王が互いに自説に酔いしれているのを、冷めた目のしのろ教授が距離を取って眺めている。

乙女学園と修道学院

キリスト教系のミッション・スクールといえば、オシャレな女子校というイメージが強いが、正直なところ、キリスト教といっても、八百万の神さまを信仰しているしのろ教授には、カトリックとプロテスタントの違いすらよくわからない。

西洋の歴史でいえば、デコ好きの古いキリスト教がカトリックで、シンプルで新しいキリスト教がプロテスタントということになろうか。

学校で言えば、カトリックの学校には、たいてい「学園」という名まえが付いていて、プロテスタントの学校には、それに対抗してか、「学院」という名まえが付いている。

しのろ教授の浅薄な知識では、カトリックの学校というと、白百合学園・雙葉《ふたば》学園・南山学園といった、何となく清楚なイメージで、育ちのよいお嬢さま学校を想像してしまう。

濃紺のベレー帽をかぶった小さな女の子が、セレブのお母さまに手を引かれている姿が思い浮かぶ。もちろん、夏には麦わら帽子をかぶるのだが、古風なセーラー服には歴史と気品が刻み込まれていて、乙女の花園といった感じだ。

それに対して、プロテスタントの学校というと、青山学院・明治学院・立教学院といったところだろうか。これに、フェリス女学院や女子学院を加えてもよい。頭のよさそうな修道院といった感じだ。

こちらの方は、ネイティブ並に英語がよくできる反面、生意気な小娘というイメージが付きまとう。学校の校風はいたって自由で、制服や規則のないところが学校の特徴だろうか。

大学には私服で通学するのが当たり前だが、プロテスタントの学校には、中学や高校でも私服で通うところがあると聞く。制服をまじめに研究しているしのろ教授としては、ちょっと寂しくもある。

平成学院大学の附属高校には、残念ながらセーラー服はない。制服はブレザーなので、スカートは超短めにして、ブラウスのボタンを外して、リボンはだらしなく垂らしている。男子も同じブレザーだが、ズボンはもちろん腰ではいている。制服を着崩すのがオシャレの第一歩だ。

大学のオープンキャンパスには、制服姿の高校生が大挙してやってくる。それに合わせて制服フェチの教授たちも集まってくる。老教授ヨーダなどは、率先して模擬授業をこなし、よだれを垂らしながら女子高生を追いかけ回している。

高校生にとっては、制服はたんなる外出着にすぎないが、学校側では、推薦入学が決まったからといって、帰宅途中にカラオケ店に立ち寄ったり、居酒屋で酒を飲んで悪さをしたりしないようにと、生徒に制服を着せている。

附属の高校生から聞いた話によれば、カトリックの学園に通う生徒と、プロテスタントの学院に通う生徒では、通学のようすに違いがあるという。

通学路に空き缶が落ちていると、空き缶を拾ってゴミ箱に捨てるのが学園の生徒で、学院の生徒だと、校門まで缶を蹴っていくのだそうだ。

ウソか本当かわからないが、カトリック校とプロテスタント校の違いをうまく説明しているように思う。

大学でいえば、学院の女子学生がテレビ番組に登場するようになって「女子大生」ということばが生まれ、女子大生がテレビ局に就職するようになって「女子アナ」ということばが生まれた。

若き日のしのろ青年が憧れていたマドンナも、大学卒業とともにフジテレビのアナウンサーに変身していたし、大学でのマドンナは、英語の授業ではフェリス女学院で身に付けたネイティブばりの発音をし、在学中にはミスキャンパスに選ばれるほどの美人だった。

だが、近寄りがたい学院オーラをたえず放っていたので、同級生ではあっても、しのろ青年のほうからは一度も声を掛けることはできなかった。

よそ者が近づけないほど学院生は結束が固く、卒業後も必ずや同窓会に出席するのはよく知られている。

しのろ教授が実施したアンケート調査によれば、同窓会の出席率は、プロテスタント系の大学が九割、カトリック系の大学が七割、それ以外の大学では五割といったところだった。

同窓会の出席率が、ひいては愛校心が、キリスト教の信仰の違いによるものなのかは定かではないが、同窓会の出席率からも、学院と学園の違いの一端がうかがえる。

ジェンダー論にも詳しいしのろ教授の調査によって、さらに興味深い事実も判明している。

三十代の大卒女子では、カトリック系の学園出身者は、六割が既婚で、四割が未婚なのに、プロテスタント系の学院出身者では、四割が既婚で、六割が未婚だった。

学園出身者と学院出身者の間で、数値が逆転しているのはなぜだろうか。

答えは簡単だ。プロテスタント系の学院の場合、三十代で未婚者が既婚者よりも多いのは、結婚はしたものの、既婚者の半数が離婚したからである。

これはひょっとすると、カトリック教会が離婚を禁止しているのに対して、プロテスタント教会は離婚に寛容だからかもしれない。

はっきりとした結論を導き出すためには、より詳細な調査が必要だろうが、学院出身者の離婚率五割という数字を見ると、二人の娘をもつしのろ教授としては、プロテスタント系の学校にだけは通わせたくないと思うのだった。

かつて、良妻賢母を目指す湘南女子大学で、子どもたちの教育に携わっていたしのろ教授だが、自分の娘たちには自立を促すよりも、むしろ家事を手伝わせるようになったのは言うまでもない。

Ⅲ　しのろ教授の秋学期

しのろゼミへようこそ

夏休みが終わり、九月下旬に秋学期が始まると、すぐにも来年度のゼミ生の募集に入る。翌年の四月から始まる「演習」に参加する学生を募集するためだ。

社会学部や心理学部などの学部では、三年生になるとゼミに所属して、専門分野の勉強をする。そのためには、あらかじめ指導教授とゼミを決めておかなければならない。

先生たちのほうは、自分の専門領域と演習内容を紹介したパンフレットを作成し、履修している三年生や四年生といっしょにゼミ紹介のプレゼンテーションを行う。

すでに春学期から日頃の演習授業を公開している先生もいて、一年生と二年生がゼミの見学にやってくる。どのゼミも定員が二十名までと決まっているので、そのための選抜試験も行わなければならない。

試験といっても、成績表を提出させるだけのゼミもあれば、履歴書と小論文を書かせるゼミもある。たいていは先生が学生と個別に面接をして決めるのだが、なかには三年生と四年生が自分たちの後輩を選ぶところもある。

そんなこんなで、学生にとっても先生にとっても、ゼミの選択は面倒な作業だ。学生間の駆け引きもあって、どのゼミを第一希望にするのかでかなり迷うのだと聞く。

希望のゼミに応募しても、採用されなければ第二希望へ回らなければならない。運が悪ければ、そこはすでに満員になっている。それならば人気のあるゼミは敬遠して、最初から人気のないゼミに申し込むことになる。ここまでくればあとは神経戦で、互いに探りを入れて、牽制《けんせい》しながら様子をうかがう。

しのろ教授は教養の先生なので、そういう心配はいらない。たんに専門の演習を持たせてもらえないだけだが、それではあまりにも悔しいので、希望のゼミに入れなかった学生を自分の講義に受け入れている。

講義だと、教員が学生に一方的に話すだけなので、基本的に人数の問題は生じない。話のうまいバテレン牧師だと講義が大独演会となり、話の下手なザビエル学長だと寂しい独り言になってしまう。

演習ともなると、学生たちに発表をさせなければならないから、これはこれで大変だ。教養部に属するしのろ教授も、かつては「教養演習」という名のゼミを担当していた。

教養演習も教養科目の一つなので、あってもなくてもよい科目だが、それでも大学での勉強の仕方を一から教える科目だからといって、何も知らない一年生に無理やり履修させていた。ところが教授会の席で、「教養演習は演習にふさわしくない」という強い意見が老教授ヨーダから出され、履修を強制させられていた学生たちからも、「教養科目よりも専門科目を学びたい」という率直な意見もあって、しのろ教授が担当していた教養演習は抹消されてしまった。

ゼミをなくして途方に暮れたしのろ教授は、科目名を見ただけでは見当がつかない演習科目を考え出した。名づけてこれを「総合演習」という。

「総合演習とは、文系と理系にまたがる複合領域を学際的に学ぶ演習科目である」

これで文部科学省の認可を取ろうとしたのだから大したものだ。とはいっても、しのろ教授が書いた計画書は、「科目の中身がわかりづらいので具体的に書いてください」との指摘を受けて、書き直しを命じられてしまった。

お上に弱いしのろ教授は、科目設置計画書にある「学際的」を「具体的」に置き換え、わずか二文字を変えただけで、書類を文科省にじきじきに持参した。

すると今度は、「これでよろしい」と言って、文科省の担当事務官は満足げに受け取ってくれた。科目の内容が問題だったのではなく、本人が直接出向いてこないことが問題だったのだ。お役人はこういう点にはうるさい。

文科省の許可は下りたものの、英語好きのミッション・スクールでは、四字熟語の「総合演習」はオシャレではないというので、それにふさわしい名称を考え出した。

平成学院大学では、これを名づけて「アカデミック・リテラシー」という。

アカデミックとは「学問的」という意味で、リテラシーとは「勉強の仕方」という意味だ。つまり、アカデミック・リテラシーとは、入学したばかりで学問の道に暗い新入生に、大学での学習方法を教えてあげる啓蒙科目である。

ここにも、ルネサンスや宗教改革に由来する十八世紀ヨーロッパの啓蒙主義の精神が見て取れる。要は、寺子屋で教えられてきた「読み・書き・そろばん」を、小学校の「読み・書き・計算」と読み替えて大学で教えているだけなのだが。

これだけでは、「綴り方教室」を「総合演習」に、さらには「アカデミック・リテラシー」へと名称を変えただけだろう。

それでも大学なので、若者の興味をそそる話題を見つけてきたり、新聞記事を素材にしたりして学生たちと議論をする。テーマは多岐にわたっていて、来るべき就職活動に備えて、高学歴ワーキングプアや非正規雇用問題などを取り上げている。

まったくもってアカデミックな香りがしない。

学生の関心はもっぱら卒業後の就職先だけで、日経新聞や朝日新聞を読んだところで、学生の学力や就活力が向上するわけでもない。

学生からすれば、大卒フリーターも自己責任で、自分には関係ないというのが大方の反応なのだから、これもいたしかたない。

そんなフリーター予備軍を横目にしながら、脱力系のしのろゼミでは今日もまた、学生たちのたわいのない発表が続いている。

教科書を売りまくる

演習科目では学生が発表をして議論をするので、先生は何もしなくてもよい。強いて言えば、授業用の教材として、身近な話題や新聞のコラムを取り上げて、その中から学生の気を引くテーマを選んであげればよい。

だが、講義のほうはそうはいかない。

講義科目は、先生の一方的なおしゃべり、まさに先生の私語か独り言なので、九十分の授業時間をアリバイ的にこなすためにも、それなりの準備をしていかなければならない。

七代目の三遊亭圓生《えんしょう》を襲名したいしのろ教授は、毎年、落語の台本のようなテキストを作って、授業用の教科書として使っている。

初回の授業では、学習の目標と学期のスケジュールを大まかに説明して、教科書と参考書を紹介する。教科書は決まって自分の本を使う。『十八歳からの倫理学』とか『女子にもわかる倫理学』など、どれをとっても学校の教科書なので、駅前の書店に並ぶことはない。

よく勘違いをされるのだが、大学教授が本を出したとしても印税はめったに入ってこない。むしろ逆に、百万円以上もの出版費用を要求されるのが常なのだ。だが、学生たちがそんなことを知るよしもない。

「先生は自分の本を教科書にして稼いでいる」

学生からたびたび指摘されるので、ここで少しばかり説明をしておかなければならない。

本が売れて印税が入ってくる大学教授などまずない。たいていの教科書は一般書ではなく学術書なので、せいぜい千部から二千部ほどしか印刷されない。定価は千円から三千円くらいだろうか。

初版が完売したところではじめて制作費が回収できる。千部も売れるような学術書などめったにないし、大学の教科書であっても、たかだか二千部といったところだろう。

しのろ教授のような並の教授では、いま読んでいるこの本は例外だが、出版社にお金を払わないと出してもらえない。

新聞やテレビでおなじみの大学教授を考えているのであれば、それはまったく次元の異なった話だ。印税がもらえる教授など、法政大学の島田雅彦か明治学院大学の高橋源一郎のような超有名作家くらいで、数えるほどしかいない。

文筆を生業とする作家であっても同じことがいえる。印税だけで食べていける作家など、とくに純文学では村上春樹と大江健三郎の二人だけだというから、作家も大学教授を兼業しないと生活が苦しいのかもしれない。

それではなぜ、大学教授は自分の本を出版するのか。

理由はいたって簡単だ。ある先生は研究成果を発表するためだといい、ある先生は授業で使うからだという。

だが、グーテンベルクを師匠と仰ぐしのろ教授の場合には、事情がちょっと違う。しのろ教授はもともと、手抜きをしたいがために授業では本を使っていなかった。あらかじめ作っておいた原稿をもってきて、ゆっくりと読み上げるだけで済ませていた。しかし、こんなやり方で授業をやっても、理解できる学生などほとんどいなかった。

そこで、学生思いのしのろ教授は、原稿をコピーして学生に配ることにした。プリントを読み上げながら解説を加えると、頭の悪い子どもでも理解できるようになった。

でも、そこには大きな落とし穴があった。

「先生、プリントください」

こう言ってくる学生が後を絶たない。どうしてかというと、教授は毎週休みなく授業をしているのだが、学生のほうは適度に休みを入れてくるから、その都度プリントを先生のところにもらいにくる。

最初のうちは、心優しいしのろ教授もていねいに学生に対応して、先週分、先々週分という具合にプリントを手渡していたが、毎週数十人ともなると、これがまた大変な仕事となった。

ついに、しのろ教授はキレてしまった。

「休まないで、授業に来てください！」

ということで、それからというもの、こころを鬼にしたしのろ教授は、休んだ学生にはプリントをあげないことにした。それでも無邪気な学生たちは平気な顔をして先生のところにやってくる。

そこで、プリントを配るのを止めて、教科書を作って学生たちに買ってもらうことにした。

こうしてしのろ教授は、授業前の印刷作業からも解放され、プリントをもらいにくる学生からも解放され、教科書作家となってしまった。

これではあまりにも寂しい話なので、しのろ教授は憂さ晴らしにペンネームで軽い読み物を書き散らしている。

この一大転換をしのろ教授自身は、活版印刷によって聖書を普及させたグーテンベルクから、コンピュータによって電子書籍を到来させたマクルーハンへの移行になぞらえて、「メディア論的転回」と呼んでいる。

それ以来、マルチに活躍するしのろ教授は、学者向けに専門の学術書を書き、学生向けに授業用の教科書を書き、自分用に趣味のエッセイを書くというように、三つのジャンルを使い分けている。

出版社からは、学術書には助成金を取るように言われ、教科書には授業での採用を迫られ、エッセイには幅広い読者の獲得を求められる。

書店では、しのろ教授が書くものは軽いタッチなので、ライトノベルと受け取られ、「しのろ」という名まえのためか、女性作家の棚に紛れ込んでいる。

出席を取りまくる

高校にはホームルームがあって、生徒は毎日、決まった時間に決まった教室に集まる。毎朝八時ころ、全員がそろったところで、ガラガラと教室のドアが開いて先生が入ってくる。

大学にはホームルームはないから、学生たちは各々、授業のある教室へと散らばっていく。朝から授業があるというわけではないので、その日によって学生たちの登校時刻も変わってくる。場合によっては、授業のない曜日を設定している週休三日の学生もいる。

親の世代はそんなことは知らないから、子どもが家にいると不審に思うのだろうか。たまの休みで父親が家にいたりすると、何を勘違いしたのか、大学に電話をかけてきたりする。

「しのろ教授の授業は、どうして休講なのか」

休みの理由を知りたいのではない。電話をしてきた父親は、授業を休講にするなどけしからんと怒っていたのだ。しのろ教授はいつものように授業をしていたが、「今日の授業は休講だ」とでも子どもが言ったのだろうか。

一年生の授業はたいてい一時間目に置かれている。

早朝から学生を大学に呼び寄せるためで、まずは頭の冴えたところで英語とキリスト教に触れてもらって、そのあとに、教養科目や専門科目を学習してもらう仕組みになっている。

教養科目が大教室での多人数授業になるとすれば、語学の授業は高校の授業のように三十人程度の少人数授業になる。

少人数の授業だと、休みなく出席しなければ単位は取れない。語学の授業だけはしっかり出るようにと、しのろ教授は一年生に助言している。しかたなく休むときには、友だちに代返してもらおう。

大教室での講義だと、先生が学生の名まえをいちいち読み上げるわけもいかないので、出席カードを配っている。

最近では、出席を調べる電子機器も出回っていて、大学によっては、教室の入口に学生証のバーコードを読み取る機械を設置したり、ハンディーな読み取り装置を学生に手渡したりして、

ICチップの付いた学生証で出欠を確認している。

授業中に読み取り装置が学生から学生に手渡されていき、ピピッという音が教室の中にこだまする。

しのろ教授などは、そこまで学生を管理しなくてもよいと思うのだが、学生のほうから、「先生、出席を取ってください」と言ってくるので、飼い慣らされた子どもたちがかわいそうにも思えてくる。

今の子どもたちは、ビデオカメラで監視されていると安心するらしく、それではまるで囚人ではないかと、しのろ教授は心配してしまうのだが、SF的ユートピア状況は大人でも同じことなので、たんにこうした世の中になっただけかもしれない。

出席カードを配るのも、読み取り装置を回すのも面倒なので、アダム・スミスのレッセフェール（自由放任主義）を信奉するしのろ教授は、出席を取らない。

「できるだけ出席してくださいね」と学生たちには伝えているのだが、こんなことを言うと、「先生、何回出席すればいいですか」と聞きにくる学生が必ずいる。

大学生なのだから、それくらいは自分で判断してほしい。来たければ来ればよいし、来たくなければ来なければよい。

出席するかしないかは、神の手に委ねるほかない。冷めて考えるしのろ教授だが、そこはぐっと堪えて、相手はお客さまなのだから、「来られるときには来てくださいね」と、やさしく答えている。

それでもこの程度の質問はまだマシなほうで、「先生、何回まで休んでもいいですか」と、露骨に聞きにくる学生がいる。

出席したくはないが、でも単位だけはほしいという魂胆が丸見えだから、この手の質問をする学生には、文部科学省の省令に従う本学当局の公式見解を伝えている。

「本学の学則では、一学期に十五回の授業があって、そのうち三分の二以上出席していなければ、単位がもらえないことになっています。ですから、単位が欲しければ、少なくとも十回は出席してください」

杓子《しゃくし》定規に答えると、すかさず嫌な顔をされる。そこでしのろ教授は、いつものソフトな語り口で、トーンを下げて語っている。

「大きな声では言えませんが、先生としては、だいたい半分くらい来てくれるとうれしいです」

「半分くらい」というところで、学生たちはほっと一安心する。それでは心もとないので、つぎのように付け加えている。

「たとえ五分でもいいですから、来られるときには来てくださいね」

学生なのだから、夜更かしをして朝起きてみると、すでにお昼になっているかもしれない。あるいは、すでに授業が始まっていた、ということもありうるだろう。

しかしそれでもなお、そこで諦めてしまって授業を休むのではなくて、遅刻をしてもいいから学校に出て来てほしい。

「男の子はコンビニでおにぎりを買ってから、女の子はノーメイクでもいいですから、授業には来てください」

ここまで言えば学生たちも授業に来てくれるかと思ったが、一時間目が語学やキリスト教の授業だと、授業がつまらないのか役に立たないからなのか、しのろ教授の教室はいつもガラガラだった。

教室の中で女子学生がたった一人、下を向いて鏡をのぞいていた。

卒業論文のあれやこれや

若者の関心は、ちょっと手を伸ばせば届きそうなくらい、すぐ近くにある小さな目標に向かっている。大学であれば、学校の入口と出口に向けられていて、偏差値の高い大学に入り、人気のある職業に就くことだろう。これだけが学生の関心事で、自分の足元にある大学の授業にはまったく興味がない。

学生は大学で学ぶことで成長し、そして一人前の人間になって社会へ羽ばたいていく。せっかく大学に入ったのだから勉強をすればよいものの、学生は四年間を有効に使うために、勉強する時間を惜しんで遊びほうける。だが、卒業だけはしたがるから困ったものだ。

お客さまのたっての願いなので、大学のほうでは、学生を卒業させるためにあれやこれやと便宜を図っている。その一つが卒業論文だ。

しのろ教授が担当している教養科目では、試験に合格しても二単位しかもらえないが、専門の卒業論文だと、提出しただけで十二単位がもらえる。

日本全国どこの大学でも、四年間で百二十四単位を取れば卒業できるから、単位さえ集めれば、晴れて学士さまになれる。

平成学院大学では、春学期と秋学期の二学期制になっていて、一学期に一科目取ったとしても二単位だから、卒業までに六十二科目も履修しなければならない。これが卒業論文だと、授業科目の六倍もの十二単位が取れる。まさにポイント六倍というわけだ。

しかも卒業論文の場合、授業に出る必要はなく、自宅で書いてきた感想文を提出するだけでよいから、これほど楽なものはない。

それならば、「出せば必ず通る」と言われている卒業論文を出さない手はない。それが大学を卒業するための近道だ。さらには、四年間のモラトリアム時代をのびのびと過ごす王道だといってもよい。

卒業論文とは、学生が大学で学んだものを集大成して表現するもののはずだ。だが今では、卒業論文の持つ意味も大きく変わってきた。

若かりしころ、しのろ准教授が卒業論文の指導をしたのは、湘南女子大学で文化学を担当していたころだ。文学部の三年生と四年生を対象とした専門科目で、ゼミに参加していた数名の学生たちに論文指導をしたことがある。実際には、ゼミで発表した学生の原稿を添削して提出させるものにすぎなかったが。

ゼミでは毎回違ったテキストを読むこともあれば、一年間を通して同じテキストをじっくりと読むこともある。そのなかから気に入ったところを選んで、学生たちがレポートを書いてくるので、一人ずつ発表してもらった。学生たちからすれば、テキストはすでに授業で読んでいるから、それほど難しくはない。

では、若きしのろ准教授が指導した卒業論文のいくつかを紹介しておこう。

まずは「功利主義における幸福追求について」といった古典派もあれば、「リバタリアニズムとアナーキズム」といった現代思想もあった。はたまた「現代文明のゆくえ——核兵器廃絶の可能性」といった社会派もあれば、かわいらしいところでは、「新たな男女関係——仕事と家庭の両立に向けて」というものもあった。

なかには、「古代ギリシアにおける精液の消費について」とか「現代における女性のマスターベーションについて」といったテーマでゼミ発表を行い、これをそのまま卒論の題目にしてきた女子学生もいた。発表をしている学生はまったく動じないのだが、指導をしていた先生のほうはおろおろしていた。

ちなみに、これらの卒論はすべて学術雑誌に発表されている。活字になって保存されているので、未来永劫にわたって人類の遺産となる。

先生のほうからすれば、どんなテーマであっても卒論を書いてくる学生は上出来で、困るのは「書けません」といって泣きついてくる学生だ。

文章を書くことは、口頭で発表するのとは訳が違う。「ゼミで発表した原稿を清書してくるだけでいいですよ」と励ましても、提出してこない学生が後を絶たない。

年末の提出期限が迫ってきたので、学生を研究室に呼び出したことがある。

「表紙だけは自分で書いて、用紙を挟んで製本したものを事務所に提出しておいてください。あとから書き加えることもできますから」

学生は言われたとおりに真っ白な卒業論文を提出していた。一センチほどの厚みがあったので、原稿用紙にすれば五十枚ほどの論文になるだろうか。製本されて外見だけはりっぱな卒論だった。

事務所では中身のチェックはしないから、表紙だけを見て卒業論文として受理する。さすがにこれで卒業させるわけにはいかないので、学生に連絡して、書き直したものを持ってくるように伝えておいた。

あとから差し替えておけば何とかなるだろうと考えたのだが、この考えは甘かった。学生のほうは、提出した卒論は受理されたのだから、これでもう終わりだと考えていた。

そうこうしているうちに、今度はキャリアセンターから手紙が送られてきた。

「当学生は就職先が決まりましたから、卒業についてご配慮をお願いします」

どこをどう配慮すればよいのかわからないが、卒論を不合格にするなどとんでもない、というのが大学の方針らしい。とりわけ女子大の場合、入学するのに浪人は歓迎しないし、卒業するのに留年はもってのほか、とのことであった。

かつて、卒論が不合格になり留年したがために、女子学生が図書館のトイレで手首を切ったことがある。幸い命にかかわることはなかったが、トイレの扉には大きく「死」と書かれていた。血塗りの落書きを見て以来、小心者のしのろ准教授は女子学生にことのほか優しくなった。

授業計画を立てる

九月下旬に秋学期が始まると、大学ではもう来年度の授業準備に入る。大学用語では「授業計画」と呼んでいて、来年度の開講科目を前年の秋から決めておく。

ケタケタと鬼が笑うような話だが、営利企業に成り果てた大学では、すでにいる学生よりも、これから来る学生のほうが大事にされる。客をもてなすよりも、客をつかまえるほうが優先だ。そんなことを考えつつも、販売の第一線に立つしのろ教授は、同僚の先生たちといっしょに来年度の授業計画を練っていく。

どの先生も今年度の履修者数を見ては一喜一憂する。履修者が多ければ来年度も開講されるが、少なければ来年度は開講取り止めになる。

学生が教室からあふれていれば、抽選をして人数を制限したり、授業を分割して開講したりする。とはいってても数の上でそうなっているだけで、実際に教室に行ってみればわかるが、履修登録をした学生が教室の定員を大幅に上回っていても、授業に出席している学生はそれほど多くはない。

航空会社のオーバーブッキングと同じで、座れない客がいなければまったく問題にはならない。

万人を受け入れるしのろ教授は、定員六百人のいちばん大きな教室を使っている。登録者数が千人を超えても、実際に教室に来るのはその何十分の一なので、学生から不満の声が上がることはない。閑散として寂しいという意見をいただいたことはあるが。

問題になるのは、履修登録をしている学生がいない場合だ。授業を受けている学生がたとえいても、登録者がいなければ、その科目は取り止めにせざるをえない。

取り止めになった科目は、次年度には開講されないので、担当している先生も不要になる。大学といえどもサービス業なので、このあたりはシビアなものだ。

難しいのは、登録者が少ない科目だ。一人か二人しか学生が登録しない授業もある。たとえば、平成学院大学では、キリスト教に関する科目がそうだ。

「キリスト教の基礎」は一年生の必修科目だから、履修したくなくても全員が取らざるをえない。「キリスト教の演習」は二年生以上の選択科目なので、履修登録をする学生が極端に少なくなる。このあたりのギャップをどのように考えたらよいのだろうか。

人数が少なければ、無理をして開講しなくてもよいと思うのだが、キリスト教関連の科目は、ミッション・スクールにはなくてはならない科目なので、神聖不可侵の「聖域」とみなされている。

メンツだけは保とうとする平成学院大学のそんなところが、恥も外聞も気にしないしのろ教授には滑稽に映る。

「受講者が多ければ開講し、受講者が少なければ開講しない」

イギリスの功利主義を見習って、ベンサムの「最大多数の最大幸福」で行けばよい。さもなければ、ジョン・ステュアート・ミルの自由主義経済の市場原理に従って、来年度の開講科目を考えればよい。単細胞のしのろ教授は、そう考えるのだった。

しのろ教授が担当している倫理学は、教養科目なのでだれでも登録できる。どの学部のどの学年でも履修できるので、ほとんどすべての学生が受講して卒業していく。

だれでも取れる共通科目だからというよりも、むしろ、成績評価の甘さが学生たちの間で知れ渡っていて、単位稼ぎのために履修登録している学生が多い。これが本当のところだ。
天敵のゴーマン部長とゴマスリ主任は、しのろ教授と同じ科目を担当したり、同じ時間に授業を開講したりするのを、ひどく嫌っている。

同じ科目であれば一つのクラスに学生が偏ってしまうし、同じ時間であれば一つの教室に学生が殺到するからだ。

いつの間にか、しのろ教授は倫理学だけを担当することになり、ほかの科目は担当させてもらえなくなった。しのろ教授が授業をしている時間には、ほかの先生はだれも授業をしなくなった。

こうしてますます倫理学の授業は学生を抱え込むことになる。時間割表を眺めると、しのろ教授の授業が入っているところは、ほかの授業科目が何もなくてスッキリしている。

一人ぼっちになったしのろ教授は、同じ曜日に、倫理学1、倫理学2、倫理学3、倫理学4、倫理学5というように、同じ科目を五つも立て続けに担当している。科目番号によって多少は内容を変えてはいるが、ほとんどが同じものの繰り返しである。

学生もよくわかっていて、同じ内容の倫理学を二つも三つも取っている。

「同じものを学んでもつまらないでしょう」

しのろ教授は心配して学生に聞くのだが、学生の答えはこうだった。

「つまらないですけど、楽ですから……」

授業は「楽しい」のではなく、ただたんに「楽」なのだ。

それ以来、しのろ教授のほうでも、受講を希望している学生たちにあらかじめ断ることにしている。

「しのろ先生の授業は、必修科目と専門科目の間の〈休み時間〉だと思って、息抜きのつもりで来てください」

これでますます受講者の数が増えてしまうのだから世も末だ。

教室に来ている学生数はいっこうに増えないのだが、履修登録をする学生数だけがひとりでに増えていく。

やがて哀しき非常勤講師

来年度の開講科目が決まると、つぎに、科目の担当者を決めていく。

まずは、専門の先生が必修科目と選択必修科目を押さえて、どうでもよい選択科目は、しのろ教授のような教養の先生に回していく。

専門と教養という科目の区別とは別に、大学の先生には二つの職種がある。正規雇用の先生と非正規雇用の先生で、大学用語では、前者を「専任教員」といい、後者を「非常勤講師」という。

専任教員とは、かつての助手・専任講師・助教授・教授で、今では助教・専任講師・准教授・教授と呼んでいる。任期の定めがなく、定年までいられる正社員だ。

非常勤講師とは、一年契約の契約社員で、アルバイトの大学生やパートの主婦のように、時間給で働くフリーターのようなものだ。

講師といっても、専任講師と非常勤講師とでは、待遇に天と地ほどの違いがある。前者には月給とボーナスがあるのに、後者には一律の時間給があるにすぎない。

専任教員の年収は一千万円を優に超えるのに、非常勤講師の年収は三百万円にも満たない。

専任教員には個室の研究室があてがわれ、交通費や住宅費や家族手当はもちろん、研究費も出張費も支払われるが、非常勤講師には交通費しか支給されない。

どの大学でもそうなのだが、大事な授業は専任教員が担当し、そうでない残りの半数以上は非常勤講師にお願いしている。専任教員だけでは授業が成り立たないので、その二倍以上の非常勤講師を雇っているのが実情だ。

専任教員の生活を潤すために、非常勤講師を酷使して搾取することで成り立っているのが、大方の大学なのだ。

秋学期が始まるころ、平成学院大学では、二百人の専任教員が手分けをして、四百人の非常勤講師にお願いの手紙を送る。

「来年度も授業を担当していただきたのですが、ご都合はいかがでしょうか」

毎年の決まり文句で、無味乾燥、中身のない文章だが、相手の機嫌を損なわないように、へりくだった態度でメールを送る。

まだ定職のない若い先生たちからは、その日のうちに返事が来る。

「来年度もよろしくお願いします」

相手が国立大学を定年退職した名誉教授だったり、他大学から出講してくる兼任講師だったりすると、来年度の授業依頼はそのまま無視されている。

何度も問い合わせて、ようやく「それでは、いつものように」という愛想のない返事をいただく。たったこれだけの返事をもらうために、しのろ教授などは何度お伺いを立てたことか。

いっそのこと「来年度は担当なしでよいでしょうか」と、メールを送ってみようとしたが、さすがにそんな無礼はできるはずもない。主任のゴマスリにすぐに押し止められてしまった。

聞けば、何年も勤めていた非常勤講師に、受講者が少ないので来年度の授業を止めてもらったところ、今度はこの先生のほうから、「生活権」という法律上の権利を持ち出されて、授業担当を継続するように訴えられたという。

普段は、一万人の学生に対して六百人の教員で授業をやりくりしているが、受講者が減ったからという理由では、法律上は、非常勤講師を解雇することはできないのだそうだ。

そんなことも知らないで、大学は非常勤講師のクビをいきなり切ったものだから、訴えられたというわけだ。

大学は非常勤講師という弱い立場の人の生活を保証しなければならない。なぜなら大学の授業は学生のためにではなく教員のためにあるのだから、というのが法律上の解釈なのだろう。

裁判にも負けて多額の賠償金を支払った平成学院大学は、人情味のない大学ということでマスコミにも叩かれ、大学のイメージを大いに損なってしまった。このあたりが、晩期資本主義の精神を徹底できない大学の情けないところだ。

毎年のことながら、授業の担当者を確認するだけの作業だが、これを怠るとトラブルの原因になる。

ときには、「来年度は都合が悪くて担当できません」と言ってくる先生もいて、このときばかりは、「それでは、来年度は休講とさせていただきます」というメールをすぐにも送る。

もちろん、その科目が二度と開講されることはなく、便宜上こうした手紙を送るだけだ。手紙を受け取った先生も真意はわかっているから、一度でも授業担当を断ってしまえば、二度と依頼が来ないのは承知のうえだ。

来年度は授業を担当しないけれども、再来年度はまた授業を担当させてほしい。こういう虫のいい話は、大学では通用しない。

大学のほうから先生のクビを切ることはできないから、先生のほうから「都合により担当できなくなりました」という一言を引き出し、「自己都合」ということで契約を解除して、先生をさっさとクビにしてしまう。

こうやって来年度の先生たちを決めていく。

そこまでできたら、今度は、担当の先生たちに授業の内容を書いてもらう。学生が履修登録のために参考にするものだ。

かつてはこれを「講義要項」と呼んでいたが、最近では「シラバス」と呼んでいる。何でもかんでもカタカナにしてしまえば、少しはアカデミックに見えるからである。

シラバス、シッテル、シラナイ

「シラバス」ということばをご存じだろうか。

シラバスとは、英語が少しだけ得意になったしのろ教授によれば、講義内容の細目で、学期中の授業計画や概略を記したものだ。

中味は、授業の内容・目的・教科書や参考書・評価方法などで、これらを記した計画書だと考えればよい。

まずは、科目名と担当者名を書き込むところから始める。たとえば、科目名は「倫理学」、担当者名は「しのろ教授」としよう。

しのろ教授の場合には、海よりも深い訳があって、担当科目はすべて倫理学だ。それでは区別がつかないから、倫理学1、倫理学2、倫理学3、倫理学4、倫理学5、というように数字を振り、それぞれにテーマを定めて、内容に違いをもたせている。

テーマ設定は大ざっぱで、あるときには「十八歳からの倫理学」となり、またあるときには「サルにもわかる倫理学」となる。女子学生向けに、「ファッションの倫理」とか、「モードの倫理」としたこともある。

中味は空っぽだが、一見したところオシャレなので、これはこれで軽薄短小な現代思想のようにも見える。

流行の最先端を追っているからシラバスにはぴったりなのだが、ポストモダンのデリダのつもりでも、しのろ教授だといつの間にか時代遅れになってしまう。そのときには、現代にも通じる古典を扱っていると開き直ればよい。

テーマが決まると、つぎに、授業の概要を書いていく。取り扱うトピックを定めて、どのように授業を進めていくのかを、ごくごく簡単に説明する。

書き方にはコツがあって、「具体的に」ということばを入れておけば、授業内容は具体的なものになり、「わかりやすく」ということばを入れておけば、授業内容はわかりやすいものになる。

大学で求められる授業とは具体的でわかりやすいものだから、内容の善し悪しはいっさい問われない。何でもよいから、具体的な例を挙げて説明しておけばよい。

サブカルチャーのようにどんなに低次元の内容でも、学生が理解できていれば苦情は来ない。逆に、どんなに崇高な真理であっても、理解できないのであれば「猫に小判」だ。賢いネコには失礼なので、今どきの学生であれば、「豚に真珠」だろう。

授業内容よりも大切なのは「学習目標」で、ここのところをしっかり書くようにと、お上からお達しが届いている。お上というのはもちろん、大学当局ではなく文部科学省だ。

そろばんを弾いている役人は、授業で何を学ぶのかということよりも、何が得られるのかを尋ねてくる。

ゼロからスタートして、少しずつ前に進んでいく努力型の学習方法ではなくて、はじめに目標となるゴールを設定しておいて、そこに向かって近づいていく目標達成型の学習方法が好まれる。

成果を求める今風の能力主義が学校教育の場でも実践されていて、たしかに効率はよいものの、現場での叱咤《しった》激励と目標達成のための競争には厳しいものがある。

学習の目標を立てたら、ゴールに達するまでのスケジュールを組んでいく。一回目の授業から十五回目の授業まで、各回のテーマを箇条書きにする。

かつては一学期に十回ほどの授業があったが、ときには祝日もあるので九回のときもあった。だが今では、一学期に十五回の授業をしなければならないと決まっているから、祝日も授業をするはめになる。文部科学省からの厳しいお達しなので、どの大学も十五回をきっちり守っている。

とはいえ、最後の授業日を期末試験にすると、実際の授業は十四回になり、試験のまえに質疑応答の時間も設定すると、実質的には十三回になる。

しのろ教授の場合、一回目にガイダンスを行い、二回目から十二回目まではテーマごとに話をする。十三回目に授業のまとめをして、十四回目に感想文を書いてもらう。期末試験はないので、十五回目の授業はお休みになる。これで三回分は省略できる。

内容紹介が終わると、授業に向けての準備とアドバイスを書く。

大学の授業に準備など必要なのだろうか。もちろん準備は不要だが、教科書を事前に読んでくるようにと、形だけは整えておく。

さて、シラバスで一番大事なのは「成績評価の基準」のところで、学生たちはここを読んで教室にやってくる。というよりも、ここしか読まない。

しのろ教授は期末試験をしないので、「平常点評価で、定期試験はしない」と書いている。試験をすると一回多く登校しなければならないからだ。そこで、もっともらしくつぎのように書き添えている。

「授業全体の理解度を計って、平常点評価をする」

これで試験のない平常点評価となる。

ただし注意が必要だ。本当に学生の理解度を計ろうものなら、数多くの不合格者を出してしまうので、出席したすべての学生に、「参加賞」として合格点を差し上げている。

出れば受かる式の成績評価になっているのも、これはこれで学生が勉強してくれれば教育効果としては十分だろうという親心だ。もっとも、学生たちには「公文式」と説明しているが。

最後は、「受講者へのメッセージ」となっていて、しのろ教授の授業には、倫理学1から倫理学5まであるので、どれでもいいから一つでも履修してほしいと書いている。

これを真に受けたのか、倫理学を五つも取っていた素直な一年生もいた。

「前座」の教養、「真打」の専門

来年度の開講科目と担当者が決まると、ゴーマン部長の下でゴマスリ主任が指揮を執って時間割を組み始める。先生たちにとっては、時間割の作成も半年前から取りかからなければならないやっかいな仕事だ。

時間割は、つぎのような順序で組む。

まずは、最優先の必修科目から埋めていく。ミッション・スクールの平成学院大学では、「キリスト教」と「英語」の二つが必修科目だ。

ザビエル学長によれば、何よりもまずキリスト教を学ぶのが大原則で、英語はキリスト教を理解するための「普遍言語」という位置づけになっている。

キリスト教は一年生に配当された必修科目なので、二千人を超える新入生が一斉に受講する。しかも、一クラスを三十人ずつの小クラスに分けるので、全部で七十ものクラスができる。月曜日から金曜日までの一時間目、演習用の小さな教室をフル回転させて、全クラスを振り分けていく。一年生の授業を一時間目に入れておけば、何も知らない新入生は二時間目の授業にも出席する。

キリスト教のつぎに大事なのは、一年生と二年生に必修の英語の授業だ。英語の授業は週に二回あって、一回は日本人の先生が、もう一回はネイティブの先生が担当する。

時間割を組むさいには、注意が必要だ。権利ばかりを主張する外国人の先生は一時間目の授業を嫌うので、そこのところは和を尊ぶ日本人の先生にお願いする。一時間目を担当する先生には、千五百円の早朝手当を付けたうえに、九時始まりでは申し訳ないので、開始を十分遅らせて始めてもらう。

学生のほうは、高校までは八時には登校していたのだから、九時始まりでも大丈夫だと思うのだが、実際のところはどうなのだろうか。

平成学院大学では、一年生と二年生は英語のほかに、もう一つ外国語を勉強しなくてはならない。大学によっては英語だけでよいところもあるが、ミッション・スクールでは、英語のほかにフランス語やドイツ語のようなヨーロッパ語を学ぶところも多い。これも、ユーロセントリズム（ヨーロッパ中心主義）という民族主義の一変種なのだろう。

アメリカかぶれの学生たちは、英語の学習ばかりに気を取られていて、フランス語やドイツ語にはまったく関心を示さない。

そこで、数年前から中国語と韓国語を取り入れてみたところ、英語と中国語の二つ、あるいは、英語と韓国語の二つを選択した学生が大半になった。フランス語とドイツ語は、学生たちにそっぽを向かれてしまった。

グローバル化した二十一世紀の世界情勢と、その中での日本の立ち位置を考えれば、さもありなんという結果だ。

昨今では、英語の授業ばかりか、英語での授業も始まってきた。この結果を嘆き悲しむのはヨーロッパ語の先生たちで、学生たちが嘆き悲しむ理由は一つもない。

国際化した現代社会で生きる若者にとって、もっとも重要なのは、何といっても基本となることばの学習だ。英語は全員必修で、英語以外の外国語も選択したうえで必修となる。

一時間目に英語、二時間目にもう一つの外国語、というように時間割を組んでいく。

そこまでできたら、つぎは、専門科目の時間割を決める。

通常、専門の先生たちは、三時間目と四時間目に三年生と四年生の演習科目を入れ、五時間目に大学院の研究指導を入れている。

そのため、午前中に教養の先生が一年生と二年生の外国語を担当し、午後から専門の先生が三年生と四年生の専門科目を担当する。

ここに、「前座」の教養、「真打」の専門という序列が確立した。

専門科目は、学生が所属する学部や学科に応じて履修する。必修になっている科目もあれば、選択になっている科目もある。

三年生になると、入学時に決まっている学部や学科とは別に、もっと小さな専攻に分かれていく。

専攻によっては、事細かく必修科目を指定しているコースもあれば、自由に学生たちに選択させているコースもある。

学生の自主性に任せているようにも見えるが、本当のところは、専攻の先生たちの意見が一致しなかったからにすぎない。

まずは必修科目である外国語が決められ、つぎに学部や学科の専門科目が配置され、空いたところに選択科目である教養科目が入れられていく。

教養科目とは、しのろ教授が担当している倫理学のように、あってもなくてもよい科目である。

担当している先生からすれば、どの科目も履修すべき大事な教科なのだが、そう思っているのは教えている当人だけであって、学んでいる学生にとってはそうではない。

選択の教養科目は、専門科目の邪魔にならなければ置いてあげてもいいくらいにしか思われていないので、時間割の片隅に置かれている。たとえば、平日の五時間目とか、土曜日の午後とかに入れられてしまう。

しのろ教授は、そのどうでもよい科目を担当しているので、とりあえず時間割の希望だけは出しておいて、教室が空いているときに授業をやらせてもらっている。

学生たちのほうは、必修科目と専門科目の間の空いた時間をしのろ教授の科目で埋め合わせて、息抜きをしている。

ライブかサテライトか

授業の時間割が決まったところで、最後に、ゴマスリ主任が教室の振り分けをする。大学には講堂のような大きな教室もあれば、個室のような小さな教室もある。六百人の学生を収容する大教室では、代々木ゼミナールや河合塾から招かれた有名講師が講義をしている。国語と数学のおさらいだ。二十人ほどの学生しか入れない小さな教室では、学部の先生たちが演習を行っている。

少人数授業であれば、小さめの教室をいくつも確保し、それぞれの科目を機械的に割り振ればよい。必修科目の場合はあらかじめ学生数がわかっているので、人数に合わせてぴったりの教室をあてがうことができる。

ところが、授業が始まるとそううまくはいかない。ビデオを使いたいとか、パソコンのある教室がいいとか、ロの字型の部屋がいいとか、わがままを言ってくる先生がいる。はじめからそう言ってくれればよいのだが、授業が始まってから別の教室を探すはめになる。小さければ教室を変えても大した問題にはならない。だが、これを大教室でやると大変な騒ぎになる。

百人の受講生を見込んで中くらいの教室をあてがっていても、授業が始まると教室は満杯で、通路に立っているのはまだましなほうで、廊下にまで学生があふれている。これでは学生の学習環境が整わないということで、急いで教室を変更する。

教室のスクリーンに「教室変更、三二六教室から一〇一教室へ」という掲示を映し出して、学生をもっと大きな教室へと誘導する。

三百人の学生を引き連れてゾロゾロと廊下を歩いていると、反対側からまたゾロゾロと学生たちが歩いてくる。履修者が多ければ大きな教室へと「凱旋」し、少なければ小さな教室へと「左遷」される。これを学内では「民族大移動」と呼んでいる。

イギリスの生物学者ダーウィンが提唱した、自然選択説による進化論がここにも当てはまる。大学という生命体も、弱者の犠牲の上に強者が栄える「弱肉強食」の世界だ。

教室の入れ替えを行うなどして、学期の始めはいつもバタバタしている。落ち着いて授業に入れるのは、教室が定まる二回目の授業からだ。

一回目の授業はガイダンスなので、どのみち授業の紹介だけで終わる。三十分くらい早めに切り上げて、あとは学生からの質問を受け付ける。

学生の質問はどれも似たり寄ったりなので、しのろ教授は、「よくある質問Q＆A」を作ってみた。最初に肝心な点を話しておき、必要に応じて補足説明をすればよい。

それから別の教室へと移動する。

教室の移動がままならない場合には、二つの教室をビデオでつないで授業をする。これを「遠隔授業」（サテライト授業）と呼んでいる。

履修者が多い場合には、同じ先生が同じ授業を二回すればよいのだが、時間割がうまく組めない場合には、二つの教室をつないで授業をする。

一つの教室ではライブで先生の話を聞き、もう一つの教室ではスクリーンに映し出された先生の姿を追う。どちらの教室も大教室なので、後ろの席から見ている限り違いはない。

実際のところ学生たちの反応はどうなのだろか。

たった一度だが、受講者が千人を超えたので、しのろ教授も遠隔授業をやってみた。

先生の姿を生で見たい人はライブの教室へ、遠くから先生の姿を眺めたい人はビデオの教室へ、学生たちを案内する。

学生の反応が気になったので、授業の最終日に二つの教室でアンケートを採ってみた。驚いたことに、ライブの教室であってもビデオの教室であっても、学生の理解度と満足度にはまったく違いがなかった。

学生にとっては、ライブで見てもビデオで見ても、まったく同じ授業なのだ。それだったら最初から自宅でビデオを見ればいいのに、としのろ教授は思うのだった。

それでも、ビデオを映す教室が確保できなければ、履修者を制限するための抽選を行わなければならない。

教室に集まった学生一人ひとりに出席カードを渡して、名まえと学籍番号を書いてもらう。出席カードが回収できたら抽選をして登録する。抽選に漏れた学生には、ほかの授業に回ってもらうしかない。

当選した学生は、大学のウェブサイトから履修登録をする。事務所に行って科目登録の用紙を提出していたのは、はるか昔のことだ。

教室割がほぼ決まったところで、余った教室がしのろ教授に割り当てられる。

「大きな教室は専門の先生が使いますから」

学期の始め、教務課の職員から嫌みたっぷりに言われたことばだ。あまりにもしゃくに障ったので、しのろ教授は言い返してみた。

「いちばん大きな教室にしてください」

それからというもの、受講者がほんの数名であっても、しのろ教授は大教室で授業をするはめになった。

静かに授業ができるのはよいものの、何となく寂しさを感じているのは先生だけであろうか。学生たちには申し訳ないので、つぎのように伝えている。

「隣にバッグが置けるように、大きな教室にしてもらいました。のびのびと座って、リラックスして授業を聞いてください」

喫茶室しのろ

学生が少なければ小教室を使えばよいのだが、行きがかり上、大教室で授業をするのもやむを得ない。

そういえば、専門の先生たちは三年生と四年生の演習を研究室でやっていたではないか。しのろ教授は大教室で待っていた数名の学生を引き連れて研究室へ向かった。

研究室とは、「お茶の水博士」のような白衣を着た科学者が実験をしているところで、学生たちが思い描くには、フラスコからボコボコと煙が出ているのだそうだ。

だが、実際の研究室に入ってみると、例外なくがっかりする。

「研究室って、何もないんですね」

学生たちの決まった反応だ。

キャンパスの奥にある研究館には、通路を挟んで両側に研究室が並んでいる。通路の手前にはエレベーターと階段、反対側にはトイレとシャワー室がある。

ウナギの寝床のように細長い個室には、入口のところに小さなキッチンがあり、両側には二メートルもある本棚がぎっしりと並んでいる。奥には両袖の付いた大きな机があり、机の上にノートパソコンがぽつりと置かれている。

研究室とはいっても、実際には研究をする部屋ではない。たんに荷物を置くための大きなロッカーにすぎない。

しのろ教授は授業のまえに研究室に立ち寄ってコートとバッグを置いていく。本棚にはだれも読まない大学の雑誌「紀要」が並び、パソコンには大学からの迷惑メールがたまっている。

実験室というよりも物置部屋、物置部屋というよりもゴミ箱といったほうがよい。

ときには、研究室で授業をしている先生もいるようだ。学生の読み上げる英語が聞こえてきたり、学生の笑い声が廊下に漏れてきたりする。

会議で遅くなるからだろうか、あるいは自宅が遠いからだろうか、研究室に泊まっていく先生もいる。

上司に当たるゴーマン部長は、少し大きめの突き当たりの部屋で、ドアを開けてタバコを吸っていた。老教授のヨーダなどは、研究室の中で女子学生を膝のうえに乗せていた。

このときばかりは、さすがのしのろ教授も度肝を抜かれたが、うらやましいとは思いつつも、いらぬ心配をしてしまった。

「ちょっとお茶でもどうですか」

不気味な笑いを浮かべながら、ゴマスリ主任がやってきた。誘いを受けて主任の研究室を訪ねてみると、そこには、コーヒーメーカーどころか、冷蔵庫に電子レンジも備え付けられていた。

奥にはソファーベッドを入れて、その上にはしっかりと羽毛布団も置かれている。こうなると、研究室というよりもウィークリーマンションというべきか。

しのろ教授の研究室は、演習に使う教室としては広さは十分だが、学生たちのイスもなければ机もない。これでは何もできないので、研究館の地下室にある倉庫から、廃棄されるのを待っているテーブルとイスをもらってきた。

さて、準備が整ったところで、研究室での授業とあいなった。

大教室とは違って研究室だから、小部屋でテーブルを囲んでアットホームな雰囲気となる。

学生が緊張しないのはよいのだが、発表も議論もしだいに砕けてしまって雑談になってきた。そのうちに、気の利く女子がお菓子を持参するようになり、授業の始まりにテーブルの上に駄菓子を広げている。

なかには弁当を広げる「弁当男子」もいて、休み時間なのか授業中なのかわからなくなってきた。

就職説明会のように出入り自由、途中入場も途中退場も可、そのうえに飲食もできるのだから、気楽な授業といってもよい。

自由な授業スタイルも、しのろ教授が学生時代にお世話になった恩師から受け継いだ教育方針だ。

恩師の教育方針は、朝寝坊をしても学校に行くのを諦めてはいけないというもので、たとえ五分でもいいから学校に行って授業を受けなさいという戒めだった。

学生たちは間違って理解しているようだが、遅刻をしてもいいから授業には来なさいというつもりだ。

朝ご飯を食べる時間がなければ、途中でおにぎりやパンを買ってきて、食べながら授業を受ければよい。のどが渇けば、お茶を飲みながら発表をすればよい。

「他人の迷惑にならなければ、何をやってもよい」

これが、しのろ研究室で守るべき最低限のルールだ。平成学院大学がモットーとしているる「他者への貢献」など、おこがましくて言えない。

教室であれば、チャイムと同時に授業を始めるのだが、研究室ともなれば、そのあたりはルーズになってきて、授業が始まっても学生はやってこない。

しばらくしてから、学生たちが三々五々研究室に入ってくる。

「センセー、遊びにきました」

だれが名づけたのか、いつからともなく、しのろ教授の研究室は「喫茶室しのろ」と呼ばれるようになっていた。

Ⅳ　しのろ教授の冬休み

卒業してもフリーター

秋学期も終わりに近づくと、研究室にやってくる学生の姿がめっきり減ってくる。あれほどまでに熱心に遊びにきていた学生も、すっかり姿を見せなくなった。

今どきの学生が学校をサボって麻雀に行くはずはない。どうやら就職説明会に行っているようだ。

まだ三年生なのにと思うのだが、四年生になってからでは遅すぎるらしい。三年生の春から就職セミナーに参加して、秋には会社を訪ねていく。

しのろ教授が学生のころには、就職活動もなければ、「就活」ということばもなかった。それでもやはり、大学を卒業すると同時に会社に就職していく、奇特な学生もいた。

そういえば、四年生の演習では、授業中に求人情報が紹介されていた。

「今日は、出版社から求人が来ています。仕事の内容は雑誌の編集です。だれか希望者はいませんか」

先生がそう告げると、すかさず女子学生が手を挙げる。手を挙げた学生がその場でジャンケンをして、勝った人がその求人票をもらって会社に出向いていく。それだけで就職先が決まっていた。

求人情報に食いつくのは女子学生ばかりで、男子学生はだれも手を挙げなかった。会社に勤めるなどまっぴらごめん、ましてや先生の紹介で就職するなど、そんな女々しいことはできない、というのが当時の男子だった。

男子学生の多くは卒業もせず、かといって働くわけでもなく、ぶらぶらとしていた。若かりしころのしのろ青年も、大学四年では飽き足らずに、しっかりと留年をしていた。大学は卒業するよりも中退するほうが格好いい、と思われていた時代だった。

まるで「高等遊民」のようだが、当時、マルクス主義にかぶれていたしのろ青年には、確固とした労働観があった。

「労働は必要悪である」

これは、しのろ青年が大学で学んだドイツ哲学で、カントからヘーゲルへ、そしてマルクスへと受け継がれたゲルマン思想だ。

大学で倫理学を教えるしのろ教授は、必要のない悪をしないようにと学生に勧めながら、みずからもそれを実践して、できるだけ働かないようにしている。

ところが、どこをどう間違ったのか、最近の学生は働きたくてしかたがない。働くのが好きなのか、あるいは働いて得られるお金が好きなのかわからないが、やたらとアルバイトをしたがる。

自慢ではないが、しのろ教授などは、大学在学中に一度もアルバイトをしたことがない。誤解を招かないように説明をしておけば、家庭が裕福だったからではなく、むしろ学費を払えないくらい貧しかったので、学費の納入を猶予してもらったうえに、奨学金をもらってそれだけで生活していた。もちろん、卒業後にはきちんと学費を納め、奨学金も利子を付けて返済した。

大学生なのだから、アルバイトをする時間があれば、勉強をしたほうがよい。大学を卒業すると、勉強できなくなるのだから。

そうは思っても、しのろ教授は決してそんなことを学生の前では口にしない。どんなに高潔なドイツ哲学を学生に語っても、しょせんは「馬の耳に念仏」だ。大学生だから「ロバの耳」

かもしれない。

学生たちは大学の授業を休んでせっせとアルバイトに精を出す。あるとき、久しぶりに授業に出てきた学生がこう語っていた。

「アルバイトは社会勉強になりますから」

こういう学生は、大学三年生の秋学期になると、とたんにリクルートスーツに身を包み、就職説明会に繰り出していく。

三年生と四年生は、交通の便がよい都心のキャンパスで授業を受けながら、空いた時間に会社訪問をする。いや、実際にはその逆だ。就職説明会や会社訪問のために一日を費やし、時間があれば大学に来て授業に出席する。これがより正しい表現だ。

「授業に出なくてもだいじょうぶなの?」

冬休みのまえになると、しのろ教授は心配して学生に声をかける。学生のほうは授業のことなどすっかり忘れている。

「就職に学力は関係ありませんから」

学生の頭の中は就職のことで一杯なので、何を言ってもむだだ。こんな学生とはほどほどに付き合っていればよいのだろう。

たまに授業に来るにしても、男子学生は白のワイシャツに黒のスーツで現れるから、まるで葬式の帰りのように見える。女子学生は白のブラウスに黒のスーツで、決まってブラウスの襟を上着から出している。何やら会社の制服のようにも見える。

夏のクールビズが定着しても、訪問する学生のほうは軽装とはいかないのだろうか。このあたりは、就活をしたことのないしのろ教授にはわからない。

秋が深まって紅葉が始まるころ、女子学生の茶髪がいっせいに黒髪に変わり、就職活動が始まったのだと気づく。

大学卒業時の就職内定率は、平成学院大学の全体では、およそ七割くらいだ。悲しいかな、女子学生が大半を占める文学部では、五割をわずかに超えるくらいにとどまっている。

毎年のことながら、キャリアセンターをはじめ、教授会でも取り上げられる話題だ。古き良き伝統にしがみつく文学部だけは、学生の就職サポートに相変わらず消極的なのだ。

「就職できなければ、女の子は嫁に行けばいい」

こう言って、みんなを唖然とさせるヨーダのような老教授もいる。

「大学は学問をするところであって、就職活動をする場所ではない」

現実離れした正論を吐いて、ひんしゅくを買うしのろ教授もいる。

大学生の通信簿

平成学院大学は春学期と秋学期の二学期制で、それぞれ十五週目に期末試験を設定している。深い理由があって、しのろ教授は期末試験をしない。

その代わりに、最後の授業を質疑応答の時間にしている。このときばかりは占い師の前に並ぶように女子学生が列をなし、たくさんの質問を受ける。

期末試験と成績評価についての問い合わせが大半だが、なかには恋愛相談なのか自慢話なのかわからないものもある。とりあえず話だけは聞くものの、もちろん乙女の人生相談にアドバイスはできない。

春学期も秋学期も、一週目のオリエンテーションが終われば、二週目からは通常の授業となる。

通常の授業では、しのろ教授が教科書を読み上げ、ソフトな語り口で学生たちに話しかける。学生のほうは、教授の説明に耳を傾けながら教科書を追っていく。大事なところに蛍光ペンで線を引き、赤ボールペンで書き込みをする。

先生の解説が終わると、今度は学生たちが論文の制作に取りかかる。メモ用紙のような小さな紙に授業のまとめと自分の感想を書いていく。

これを「小論文」と称している。それぞれ二百字程度のものなのだが、それでも二十分はかかる。

小論文を書き終わったら、提出して帰ってよい。できなければ持ち帰って家で書き、翌週の授業にもってきてもらう。学生たちはこうした作業を十回ほど繰り返す。

学期末には、学期全体のまとめと、それについての自分の考えを書く。それなりに大きな論文になるので、「大論文」と名づけている。

毎週の小論文と、学期末の大論文を出すと、もれなく単位がもらえる。単位がもらえるとは、この授業科目に合格したということだ。

小論文と大論文で合格しなければ、あとからレポートが課される。これですべての学生が合格できるはずで、四年生はめでたく卒業となる。

お釈迦さまのように慈悲深いしのろ教授はそう考えていたのだが、実際には、そううまくいったためしは一度もない。

原則的に大学では、期末試験かレポートか平常点のいずれかで成績評価をする。

だが、しのろ教授は期末試験だけはしない。

理由はいたって簡単で、期末試験は学期末の十五週目に行われるから、試験をしなければ一週早く終えられるのだ。

その代わりに、小論文と大論文とレポートで総合評価をする。総合評価とは、論文とレポートを出せば合格するというものだ。

期末試験を受けても、六十点未満であれば不合格になる。不合格になれば、休みの日に学校に出てきて、試験をもう一度受けなければならない。これを「追試験」という。

そこまでして学生を救済する必要はないと思うのだが、それも学生サービスなのだからしかたがない。

追試験を課しても学校に出てこない学生もいる。そうすると、今度は教員が学生の自宅に電話をして、呼び出さなければならない。なんとも過剰なサービスだと思うのだが、大学ではこれを「学生サポート」と呼んで、まじめに取り組んでいる。アホらしくてしのろ教授にはやってられない。

ところで、肝心の成績評価のほうは、中学・高校と同じように、大学でも五段階評価となっている。

漢字では、「秀・優・良・可・不可」となるが、英語の好きなミッション・スクールでは、それぞれにアルファベットを当てている。百点満点で九十点以上がS、八十点がA、七十点がB、六十点がCで、五九点以下がDとなる。

「不可」（D）を減らすためか、平成学院大学は、「不能」（E）という評価も用意している。何が不能なのかといえば、成績評価が不能なのだ。

不可と不能の違いはどこにあるのか。デカルトのように明晰判明なはずの、しのろ教授でさえもわからない。おそらくはつぎのような事態を想定しているのだろう。

学生は履修登録をしたけれども授業への出席を途中で止めてしまい、学期末の試験も受けていないから成績評価ができない。

たしかに学生の多くは、最初は授業に来るものの、そのうちに来なくなる。そうなると成績評価もできなくなるというわけだ。

学生にとってこれは大変ありがたい制度らしく、就職活動で忙しい四年生などは巧みにこのシステムを悪用している。

先生のほうからすれば、学生が途中でいなくなるのだから、「不可」を付けてよいものなのか、「不能」を付けるべきものなのかわからず、とても使いづらい。

成績を評価して点数が足りなければ不可となり、成績を評価できなければ不能となる。成績が評価できなければ、当然、成績表には残らない。ここが狙い目なのだ。

成績表に不可とあると、就職活動で不利に働くが、判定不能であれば成績表に記載されないから、当たり障りがないのだという。

大学は、そこまでして学生の就職活動をサポートする。

しかも、単位を落として留年する学生が増えれば、学校の評判にもかかわるから、就職の決まった学生には「恩赦」を与えなければならない。

しのろ教授はかつて、就職先の決まっていた学生を落として留年させたことがある。落第になった学生はけろっとしていたが、本人の知らないところで父親が連日のように学校に押しかけてきたのを思い出す。

お客さまはクレーマー？

世界史をひもとけば、大学（ユニバーシティー）とはそもそも、中世イタリアで生まれた専門学校（カレッジ）を総合したものだった。

これを現代の日本社会に当てはめてみれば、専門学校は専門店（ブティック）となって、大学は百貨店（デパート）となるだろうか。

平成学院デパートでは、ザビエル学長が社長で、ゴーマン部長が店長だ。ゴマスリ主任をフロアの責任者とすると、しのろ教授はヒラの教員なので売り子さんといったところだろう。

お客さまは、もちろん学生だ。

毎年、百三十万円のお金を持ったお客さまが平成学院デパートにやって来て、文学部や法学部や経済学部などの高級ブティックで大卒ブランドを買っていく。

しのろ教授は、お値打ち価格の倫理学を買ってもらうため、毎朝店頭に立ってお客さまを呼び寄せている。営業スマイルを振りまきながら、教養部という百円ショップで浅くて広い知識を安売りしている。

学生のほうは、お金を払うのはこちらなのだからという顔をして、無理な注文を店員に押し付けてくる。教室に陳列された商品が気に入らなければ、すぐに文句を並べてくる。

教員はお店の売り子さんなので、お客さまである学生への対応にはことさらに気を使う。ベテランの販売員から見れば、優れた商品であっても、お客さまの口に合わなければ、平身低頭お詫びをしなければならない。

最近では、商品ではなく店員の売り方が気に入らないといって、怒ってくるお客さまもいる。授業の内容ではなく教員の教え方が悪いから学生は理解できないのだ、と。

こうして教員は、休み時間に、学生相手にペコペコと頭を下げて回らなくてはならなくなった。

昼休みに講師室でお弁当を食べていると、何やら怒鳴り声が聞こえてきた。声のするほうを見ると、背の高い男子学生が老教授ヨーダに向かって罵詈《ばり》雑言を吐いている。

長老ヨーダはただただぼう然としていたが、口からツバを飛ばしていた学生を見て、講師室の先生たちは一様におびえていた。

年配のシオン先生がため息をつきながらこう語っていた。

「平成学院大学もいつからこうなったのでしょうね。授業のときに眠っている学生がいたので注意したところ、逆ギレされたことがあって、びっくりしました。先生のところはどうですか」

若い男の先生から意外な反応が返ってきた。

「ぼくは学生が寝ていても、そのままにしていますよ。学生に注意することはありません」

まだ三十代らしきマリウス先生はそう答えていた。講師室の先生たちはみな一様に感心していた。

しのろ教授にも同じような経験があった。

授業中に男子学生がいきなり教壇に上ってきて、授業を中断したのだ。追い返そうとすると、学生はますます声を荒げてきた。

すぐに警備員を呼ぶと、今度は「授業停止」とか叫んで、しのろ教授の授業を止めさせようとした。

教員のところに直にやってくる学生にはまだ対応の仕方があるので、救いようがあるともいえる。

もっと困るのは、大学のカスタマーセンターとでもいうべき学生相談室へ苦情を持ち込む学生だ。姑息な学生たちで、先生たちの間では「クレーマー学生」と呼ばれている。

クレームの内容はいつも似たり寄ったりで、「授業で気分を害した」とか、「教員の対応で不快な思いをした」とかいうものだ。最後には決まって、「だから謝罪をしろ」と言ってくる。

他人に理解してもらうには、客観的で論理的に説明すべきであろうが、きわめて主観的で感情的なので、本人以外にはだれも理解できない。

「しのろ教授は、倫理学を教えているのに、倫理的ではない」

こんな訳の分からない非難をしてきた、バカな学生イサクもいた。

倫理学を教えることと、倫理的であることとは、まったく次元の違う話だ。倫理的な人間に倫理学など教えられるはずがない。しのろ教授だからこそ倫理学が教えられるのだ。

だが、こんなに高尚な論理を学生ごときに語っても、どうせチンプンカンプンでわかるはずがない。

では、クレーマーと化した学生たちには、どう対応すればよいのだろうか。

わがままなお子さまを相手にして言い争いをするのも大人げないので、教員のほうからは面倒を避けるために、つぎのように返答する。

「配慮が足りず、申し訳ございませんでした」

こちらにまったく非がなくても、お金を出しているお客さまに盾突くわけにはいかない。

にもかかわらず、いくら謝っても「誠意が感じられない」と言ってくる女子学生ミサのような困ったお客さまもいる。

クレーマーを通り越してモンスターと化した学生は、まるで慰謝料を取り立てるヤクザか暴力団のようで、収まるところを知らない。

まだ物足りないのか、モンスター学生は調子に乗ってさらに高圧的になってきた。

「学生たちがいる前で土下座をして謝罪をしろ」

お客さま学生は、自分の言うことは何でも通せるとでも思っているのだろうか。

気に入らなければ、さっさと別のお店に行けばいいのに、としのろ教授は思うのだが、店員の口からは、もちろんそんなことは言えない。

今日もまた、先生たちはぐっと唇をかんで我慢している。

入学試験の抜け穴

秋学期の後始末、学生からのクレーム処理を終えると、先生たちはいっせいに入学試験の準備に入る。

大学は二学期制なので三学期はなく、二月と三月はお休みになる。その間、大学は何をしているのかといえば、学生たちはアルバイトに精を出し、先生たちは入学試験に追われている。大学にとっては、在学生の面倒を見るよりも、新入生を確保するほうがずっと大事だ。だから大学には三学期はない。

できるだけ優秀な学生をたくさん確保するため、大学はさまざまな入学試験を用意している。まずは、よく知られているところで「センター試験」がある。

大学入試センターが実施する入学試験で、かっては国立大学や公立大学に入学するための「共通一次試験」だった。若きしのろ青年も国立大学に入学したいばかりに、共通一次試験を受験した思い出だけはある。

今では私立大学もセンター試験を利用しているし、一次試験という性格も薄れて、それだけでよいところも多い。

ただし、センター試験を受けるような優秀な受験生は、平成学院大学のような私立大学には来てくれない。

私立大学はセンター試験を利用していても、これとは別に、受験料収入を期待して大学独自の入学試験を用意している。これを「一般入試」と呼んでいる。

一回の受験料が三万円として、一万人が受験してくれれば、単純計算で三億円の収入になる。私立大学にとって受験料収入はとってもおいしい。

私立大学の一般入試は、センター試験が一月中旬に行われるので、そのあとに行われる。二月上旬に前期入試を行い、三月上旬に後期入試を行う。

前期入試で不合格になった受験生に後期入試でもう一度チャンスを与えるのは、情け深いこころからではなく、そこまでしても受験生をかき集めたいという腹黒い魂胆からだ。

私立大学の一般入試は、国立大学の二次試験と同様に記述式の試験だ。センター試験はマークシート用紙を塗りつぶすだけでよいから、いたって単純な試験で、その意味では一般入試よりも簡単だといえる。

だが、もっと簡単な入学試験もある。それは推薦入試で、高校側が推薦してきた生徒をそのまま、大学が学生として迎え入れる入試だ。

入試といっても、事前に高校の成績表を出すくらいで、試験と呼べるものがあるとすれば、作文を書くか、面接を受けるくらいだろう。

推薦入試にもいくつかタイプがあって、よくあるのは附属高校から大学に進学するものだ。高校で進学希望者を募り、大学は希望者全員を無条件に受け入れる。例外なく全員を合格させて、一人も落とすことはない。

高校在学中の成績がよければ、もっと上の大学を目指すだろうから、受験をしても受かりそうにない生徒だけが、附属の大学への進学を希望してくる。高校では、前者を「外部受験」と呼び、後者を「内部進学」と呼んでいる。

平成学院大学の附属高校では、上位の半数が外部受験をして他大学へ進学し、下位の半数が推薦で平成学院大学へと進学してくる。

内部から進学してくるのは高校の落ちこぼれなので、もちろん勉強はできない。大学のほうは受け入れたくないのだが、そうすれば附属高校の人気がなくなるので、しかたなく受け入れている。

では、優秀な学生を確保するにはどうしたらよいのだろうか。

針の穴のように視野の狭いしのろ教授によれば、優秀な高校から優秀な生徒を引っ張ってくればよい。

受験生の入試結果と卒業生の成績を見ると、どの高校からどのような生徒が入学して、どれだけの成績を取って卒業していくのかがわかる。

成績のよい高校に推薦枠を設ければ、高校から大学に入学希望者を推薦してもらえる。これを「指定校推薦」と呼んでいる。

大学と高校の間には信頼関係があるので、高校もいい加減な生徒を推すわけにはいかない。在学中の成績が抜群で、学習意欲も高く、かつ本人の入学意志も強い、三拍子そろった理想的な生徒が送られてくる。

送り出す高校は、来年度も指定校となるために、学級委員のような模範的な生徒を推薦してくる。大学にとってもありがたいかぎりで、面接を担当しているしのろ教授は、指定校推薦でやってくる受験生にいつも感心している。

最近では、指定校推薦とは別に、「自己推薦」という新たな推薦制度もできた。自分で自分を推薦するなど、うぬぼれが過ぎるようにも見えるが、たとえばスポーツでの輝かしい実績があれば、それだけで大学に入学できるようになった。

自己推薦組は、もちろんスポーツはできるが、おつむのほうはそうではない。高校のうたい文句に「文武両道」とあっても、生徒の一人ひとりが文武に秀でているわけではない。「東大コース」に勉強のできる子がいれば、「甲子園コース」に運動のできる子がいるだけだ。

平成学院大学も似たり寄ったりで、勉強ができなければ、運動部の活躍に期待を寄せるほかはなくなった。

甲子園で優勝した高校からは、早稲田や慶應などの超有名大学へ進学することもできるが、平成学院程度であればそうはいかない。甲子園には出たけれども一回戦で敗退した高校から、スポーツ選手をかき集めるほかない。

推薦入試はお買い得

推薦入試にも、指定校推薦とスポーツ推薦の二つがある。

指定校推薦とは、入学者の多い高校を大学が指定して、高校が大学へ優勢な生徒を推薦するもので、スポーツ推薦とは、高校を限定せずに、スポーツで優れた成績を残した生徒が自分を推薦するものだ。

だれからも推薦されないしのろ教授でも、推薦入試を担当していたことがある。担当したとはいっても、指定校推薦の場合には小論文の出題と採点、それに面接をするだけで、スポーツ推薦の場合には面接しかなかった。

指定校からの推薦を得た受験生は、高校在学中の成績が優秀なうえ、生徒会活動やクラブ活動でリーダーシップを発揮した生徒となっている。

高校から事前に送られてくる書類を見る限り、通知表の成績は五点満点中の四点以上で、生徒会の役員級かクラブ活動の部長級だった。

推薦入試のために受験生の成績を操作してくる高校もある。大学のほうもわかっているので、「平成学院高校の成績は一点差し引いてください」、と入試センターから指示が出る。

学業成績のみならず、校内での係や校外でのボランティア活動を無理にこしらえて送り出してくる高校もあった。高校の先生が書いてきた推薦書を読むと、苦労の跡もよくわかる。

推薦書には志願者がどれだけ優れた生徒なのかが書かれているが、それはそうだろうと割り引いて受け取っている。むしろ大学としては、本人の意思と本当の能力を知りたいのだ。

入学の意思を確認するために、受験生を大学に呼び出して面接をする。

面接のついでに、「高校でがんばったこと」とか「大学で何を学びたいか」とか「大学を卒業したら何になりたいか」とか、そういったテーマで作文を書いてもらう。これは筆記試験の代わりと考えてよい。

面接も作文も二人の先生が担当して、二人とも「不可」を付けなければ受験生は合格となる。推薦入試で二人の先生がともに不可を付けるような生徒などいるのだろうか。

高校からの推薦を受けているので、まじめな受験生ばかりで、面接の先生の前で悪態をつくような悪ガキはいない。

男の子は髪を短くして元気よく返事をするし、女の子はスカートを長くして上品にしている。普段はそんなことはないだろうが、ＴＰＯをわきまえた機転の利く反応でそつがない。志望の動機を尋ねても、答えははじめから決まっている。

「貴校は、歴史と伝統のあるミッション・スクールで、キリスト教主義を教育理念とする……」

どの受験生も例外なく「大学案内」にある平成学院大学の歴史を暗記してきている。

こちらが何を聞こうとも、最初の一言は決まり文句を復唱するだけで、練習をしてきたのが見え見えなのだ。尋ねている先生のほうが思わず吹き出してしまう。

面接を待っている間は、退屈しないようにと、受験生には短い作文を書いてもらう。

推薦入試を担当していたころ、しのろ教授は「読書について」というテーマで作文を出題したことがある。

今までに読んだ本の中で、おもしろかったものについて尋ねてみたが、読書をしたことのない高校生もいて、作文のテーマにはふさわしくなかった。

「マンガと教科書しか読んだことがありません」

「考えが偏るといけないから、本は読まないようにしています」

想像を絶するような作文もあって、文豪ゲーテのように本ばかり書いているしのろ教授を仰天させた。

一方、スポーツ推薦の場合には、作文の試験はなしにして、面接だけにしている。字は書けなくても、話くらいはできるだろうという配慮だ。

指定校推薦とは違って、高校の先生が書いてくる推薦文はかなり短い。空欄が目立つので、高校側も手抜きをしているのがよくわかる。どうせ気にしないだろうというのが伝わってくる。まあその通りなのだが、スポーツ選手に学業成績を期待してもしかたがないので、面接では入学後のクラブ活動について尋ねている。

平成学院大学にはスポーツを専門にする学部や学科はないから、社会学部や環境学部のような「何デモ学部」にスポーツ選手を入れ、一般入試で入ってきた学生と同じ教室でいっしょに学んでもらう。

筆記試験を受けて入学してきた一般学生と、面接試験だけで入ってきたスポーツ青年とでは、天と地ほどの学力差がある。

にもかかわらずスポーツ推薦組は、一般学生と同じように授業を受けて単位を取り、クラブ活動では優秀な成績を挙げることが求められる。学校の名まえを宣伝してくれるように期待されているのだから、これは大変だ。

入学するとわかるが、どの授業にもユニホームを着た学生がいる。たいていは机につっぷして寝ているが、教室の後ろで長イスに横になって熟睡している豪傑もいた。

早朝から練習をして、練習の休憩時間に教室に行って授業を受け、午後になってまたグランドへと戻っていく、タフで勤勉なスポーツ青年だ。

運動オンチのしのろ教授としては、出席しようという意気込みだけは買って、ぐっすり眠っている学生は起こさないようにしている。

AO入試はバーゲンセール

AO（エー・オー）入試ということばを聞いたことがあるだろうか。

AO入試とは、入試業務を行う部署「アドミッション・オフィス」の頭文字を取ったもので、「アホとオバカ」の頭文字を取った、だれでも合格できる入試という意味ではない。

もともとは、学校の教育理念に合った学生を確保するために、学力試験によってではなく、受験生の人物評価によって合否を決める入試だった。

そのために面接をして志望の動機を尋ねたり、小論文を書いてもらったりして、受験生がこの大学にふさわしい学生なのかを判断していた。

だからAO入試では、志願者の学力はいっさい問わない。人物評価が主な判断基準になるので、受験生の人格を評価して、個人の意欲や適性を総合的に評価する。

学力試験を課さないで志願者を入学させるから、いみじくも老教授ヨーダが指摘するように、AO入試が大学生の学力低下につながるとの批判もある。

多様な学生を求めるのはよいとしても、一定の学力を保証していた学力試験を否定すると、授業についていけない受験生を入学させることになるのではなかろうか。しのろ教授はこの点を危惧している。

いったん入学させたからには、アホでもオバカでも卒業まで面倒を見なければならない。入学後は、一般入試で入学してきた学生もAO入試で入学してきた学生も同じ教室でいっしょに学ぶのだから、ある程度の学力を保証する必要はあるだろう。

だがその一方で、慶應大学のようなAランクの大学では、AO入試で入学した学生のほうが、一般入試で入学した学生よりも学力が優れていたとの報告もある。

このあたりは、トップ校に志願してくる優秀な人材だけを選りすぐっているのだろうから、逆転現象が起こるのかもしれない。

Cランクの大学で教えているしのろ教授からすれば、一般入試で入学してきた学生は学力がある一定水準に達していて、指定校推薦で入学してくる学生はまじめでよく勉強をするが、スポーツ推薦で入ってくる学生は部活に忙しくあまり勉強をしない、という印象がある。

では、ＡＯ入試で入ってくる学生たちはどうだろうか。

ＡＯ入試の場合には、合格発表がかなり早いこともあり、入学までの数か月を使って大学の授業を受けるための準備をする。入学試験に合格したにもかかわらず、大学で勉強するための準備を、あとからするのだ。

平成学院大学では、「入学前教育」といって、冬休みに入学予定者を集めて講習会をしたり、課題図書を指定して感想文の提出を義務づけたりと、いたれりつくせりのサービスをする。

受験生からすれば、どの大学でもよいのではなく、この大学に入学したいからこそＡＯ入試を受けて入ってくるのだし、大学からすれば、いくつもの大学を受験して、入試の結果や偏差値の数値を見て入学してくる学生ではなく、この大学にふさわしい学生を受け入れたいものだ。

しかし、私立大学に限らず多くの大学では、ＡＯ入試が学校経営を安定させるための手段になっているのではなかろうか。この点は、ぜひとも理事長に聞いてみたい。

センター試験が一月、一般入試が二月と三月、推薦入試が前年の十一月に行われる。受験生が集まらない大学では、それ以前に、定員を少しでも満たそうとして受験生を青田買いする。いつでも実施できるＡＯ入試では、夏休みまえに合格者を出すところもある。

合否を判定するまでに何度も面接をしたり、レポートを書かせたり、講習会への参加を義務づけたりと、ＡＯ入試は何かと時間と手間のかかるものだから、入試期間を早めておきたいというのが公式見解だ。

だがこれも、本当のところは、できるだけ早く入学者を確保して、定員を少しでも満たしておきたいという学校経営上の戦略なのだろう。

受験生のほうは、ほかでもないこの大学に入学したいといって、一つの学校のみを志願してくるのだから、合格すれば必ず入学してくれる、まことにありがたいお客さまだ。大学がＡＯ入試の志願者を大切にしないわけはない。

人物重視のＡＯ入試は、受験生からすれば、これまでに培ってきた自分の能力や業績をアピールできる試験だし、大学からすれば、何よりもまず受験生を単願で拘束したうえで、確実に学生数を確保することのできる試験だ。

昨今では、独自の教育理念を持っている私立学校ではほとんどの大学で、広く開かれている国公立大学でも半分近くが、ＡＯ入試を導入している。

推薦入試やＡＯ入試で入学してくる学生が増えているのも事実だ。新入生の半数が推薦で入ってくる大学も珍しくはなく、一般入試の募集人数を減らして合格点を上げ、偏差値を操作している大学もある。

平成学院大学のザビエル学長が考え出した生き残り作戦もこれに近い。

他方で、ＡＯ入試で入学してきた学生の学力不足から、ＡＯ入試を取りやめる大学も出てきた。財政的な不安の少ない国立大学のいくつかは、ＡＯ入試から手を引いたそうだ。良心的な大学とも受け取れる。

はじめからＡＯ入試に手を出さなくてもいい大学は、偏差値の高い大学だけだろう。

ＡＯ入試は、今では、アホのＡとオバカのＯをくっつけただけの、だれでも合格できる安直な入試となった。

現場で教えている身としては、どのような入試で入学してこようとも、学力がそれなりに備わっていて、学ぶ意欲のある学生に入ってきてもらいたいものだと、しのろ教授はしみじみと思うのだった。

入試問題のからくり

どの大学にも入試センターという部署があって、入試全般の業務を行っている。平成学院大学では、ザビエル学長が入試センターの委員を指名し、委員が集まって入試問題の出題者を決める。

だれが入試問題を作っているのかは、出題者本人と入試センターの委員以外は知らない。というのは表向きの話で、だれが出題者なのかは、大学内ではだれでも知っている。

出題者がわかれば、当然のことながら、トップシークレットのはずの入試問題も予想がつく。傾向を踏まえ対策さえ怠らなければ、入試問題の山をかけることができると、出題者になれないしのろ教授は無責任なことを言っている。

私立大学であれば、試験問題はたったの三科目で、しかも文系の大学であれば、英語と国語と社会だけだ。数学や理科の問題は作らない。

入試のさいに理系の科目を準備するのは、国公立大学か偏差値の高い私立大学だけだ。平成学院大学のような大学には、数学を選択するような優秀な受験生はやってこない。

入試の要は英語で、英語さえできれば、ほかの科目ができなくても合格できる。英語のできないしのろ教授は、胸を張ってこう断言している。

ミッション・スクールの平成学院大学では、英語教育にはことのほか力を入れていて、英語ができない受験生は入学させない、というくらいに英語の入試問題は難しい。

しのろ教授が英語の問題を解いたところ、合格点にはほど遠かった。何しろ問題文はすべて英語だし、解答も英語で書くようになっているのだから。

合否の分かれ目は英語のできしだい。

それでも日本の大学なので、アリバイ的に国語の試験もやっている。大学の授業は日本語で行われるからで、朝日新聞とはいかなくても、読売新聞レベルの日本語が読めれば十分だ。

かなり以前のことになるが、国語の問題は、現代文と古文と漢文の三分野から出されていた。でもいつのころからか、古文と漢文が外され、現代文だけが出題されるようになった。

入試センターは、現代文だけの入試で時代を先取りしていたと自負しているが、老教授ヨーダからすると、古典がなくなるのはひどく悲しいものだ。

現代文といっても、文学作品を読ませて解答させるわけではない。高校生は漱石や鷗外のような過去の作品は読まないから、「天声人語」のような新聞のコラムから問題を探してくる。それでも問題形式は昔から変わらず、「筆者の意図に合うものを一つ選びなさい」というものので、解答のほとんどは四択になっている。記述式の問題を探してみたところ、漢字の書き取りくらいしかなかった。

社会は科目自体が選択で、日本史・世界史・地理の三つの中から一つを選ぶようになっている。以前は政治経済と倫理も試験科目にあったが、受験生が少ないという理由でなくなってしまった。

良心的な大学は倫理をまだ受験科目にしているが、良心のかけらもない平成学院大学では、倫理は受験科目から外されてしまった。

かつてオランダの哲学者スピノザは、潔く大学教授の職を断ってレンズ磨きで生計を立てながら、主著『倫理』（エチカ）の中でこう語っていた。

「倫理を受験科目にしている大学は、倫理的な大学である」

貧困生活の中にあったしのろ教授も、湘南女子大学にいたころに一度だけ、倫理を入試問題として出題したことがある。

守秘義務のある内緒の話だが、もう時効となったから、ほんの少しだけ話してもよいだろう。どの大学の出題者も、入試問題は「赤本」と呼ばれる過去問題集を見て、そこから探してくる。すでに出題された問題から、使えそうな問題を拾ってくるのだ。

社会の問題に関しては、時事問題を除けば新しい問題などありえない。政治経済ならいざしらず、倫理にいたっては何十年もまえの問題が今でもそのまま使える。

スピノザが語っているように、時代がどんなに変わろうとも、人間にとって普遍的な問題を扱うのが倫理なのだから、というのがその理由だ。

これも、偉大な哲学者が言えばもっともらしくも聞こえるが、しのろ教授の本音は、新しい問題を考え出すのが面倒なだけなのだ。

スピノザのように賢い学者ならば、受験生ごときに頭をすり減らすことはないし、しのろ教授のように気の抜けた学者ならば、空っぽの頭から無い知恵を絞り出すことはできない。

そこでしのろ教授は、受験生が倫理を選択しないように難問を探してきては、それを奇問に仕上げて出題してみた。問題が難しければ受験者が少なくなるだろうし、受験者が少なければ採点も楽になるだろうと考えたのだ。

ところが、ふたを開けてみれば、難しい問題だけに見当はずれの珍答が増えただけで、余計に採点に時間がかかってしまった。翌年からはマークシート式の解答に変えようとしたが、もう手遅れだった。

倫理を選択する受験生がぐっと減ってしまったので、その年をもって倫理は試験科目から外されてしまった。良かったのか悪かったのか、今でもわからない。

こうして、しのろ教授は入試問題の出題者からも外され、試験監督者という身分に格下げされてしまった。

試験監督のほら話

試験問題の作成には出題者が必要だが、試験それ自体には試験監督者が必要となる。試験の問題によって出題者が変わるように、試験の種類によって試験監督者の仕事も変わってくる。まずは、大学独自の一般入試から見ていこう。

入学試験の当日、試験監督者は受験生よりも早く、日の出とともに登校する。

一般入試は筆記試験なので、受験生に問題用紙と解答用紙を配るのが試験監督者の仕事だ。問題用紙は冊子になっていて、一部ずつ受験生に配る。解答用紙はマークシート用紙と記述式解答用紙の二種類があるので、これを一枚ずつ配っていく。

用紙を配り終えたところで、写真照合となる。

出願のさいに提出してある写真と受験生を一人ひとり照らし合わせていく。犯人を捜しているわけではないが、受験会場での写真照合を「面通し」と呼んでいる。緊張した面持ちの受験生の顔をじっと見つめる。

老教授ヨーダなどは態度の悪い受験生をメモしているが、しのろ教授はかわいい女の子をチェックしていく。

そこまで終わると、開始のチャイムが鳴るのを待つ。この間が一番緊張する。教室の中はシーンと静まりかえり、空気がピリピリと張り詰めてくる。

チャイムが鳴ると、受験生は一斉に問題冊子を開き、解答用紙に受験番号と氏名を記入する。ここまで来ると、ほっと一息、あとは終了の合図を待つばかりだ。

六十分の試験時間は、受験生にとってはあっという間だろうが、試験監督者の身には気が遠くなるほど長い。

しばらくすると落ち着きなく辺りを見回す受験生が現れてくる。すべて書き終わって時間を持て余しているのか、あるいは、隣の受験生の解答をのぞき込んでいるのか。どちらであっても試験監督者が受験生の隣にぴたりと張り付く。

終了のチャイムが鳴って解答用紙を集めようとすると、今度は、隣の受験生の解答を見て、自分の解答用紙に書き込んでいる抜け目のない奴もいる。

そんなことをしてもどうせ合格点には達しないだろう。そう高をくって、イエスのように慈悲深いしのろ教授は不届き者を見逃している。

一般入試であれば、カンニングのような不正行為があっても、それほど問題にはならない。なぜかといえば、受験番号をメモしておいて、あとから不合格にするとか、学内で処理をすればよいからだ。

試験監督にあたる先生たちも、試験中に受験生がケータイを操作していても、面倒なので気づかないふりをしているし、勉強熱心なしのろ教授などは、受験生といっしょに入試問題を解いている。

ところが、これが国立大学のセンター試験となると、試験会場の雰囲気から監督者の態度まで、すべてが一変する。

センター試験の場合には、試験に先立ってあらかじめ監督者説明会が開かれる。分厚いマニュアルを渡されて、事細かな説明を受ける。

万一の事態を想定したのだろうか、あるいは、すでに起こった事件なのだろうか。マニュアルにはいくつもの事例が記されている。

たとえば、試験中に受験生が鼻血を出した場合はどうすべきか。嘔吐《おうと》をして解答用紙を汚した場合はどうすべきか。

おもしろいところでは、つぎのような場面が想定されている。英語の試験で、受験生の着ているトレーナーに英語がプリントされていたら。国語の試験で、受験生の使っている鉛筆に四字熟語が書かれていたら。社会の試験で、机の上に置かれている時計に十二支が描かれていたら。

このとき、試験監督者は何をすべきか。

思わず笑ってしまいそうな想定だ。実際には起こりそうにない事例だが、考えるだけで楽しい。

マニュアルには監督者の取るべき行動がまじめに記されている。ここには答えは書けないので、自分で想像してほしい。

ただし、センター試験が一般入試と一番違うところは、監督者が試験中に教室内を歩き回ってはいけない、ということだろう。

大学の一般入試では、不正行為が起きないように巡回するが、センター試験では、受験者からクレームが来ないように、監督者は教室内を歩き回らない。

終わりの合図があるまで、監督者はじっとイスに座っていなければならない。音を立てるのは厳禁で、本を読むのも寝るのも禁止されている。ノートパソコンを持ち込んでパチパチと音を立てたり、熟睡していびきをかくなどもってのほかだ。

受験生から苦情が寄せられると、たったそれだけのことでマスコミに騒がれ、大学の責任が問われる。

平成学院大学でも、受験生から試験監督者の足音がうるさいとクレームがあったから、ことさらに神経をとがらせている。

そんな話を聞かされては、小心者のしのろ教授はびびってしまって、ひたすら息を殺してじっとしているほかない。

だが、耳の遠くなった老教授ヨーダは、まったく動じることなく、立ち上がってラジオ体操をしている。あろうことか、背伸びをしたついでに電気のスイッチに触れてしまい、部屋中を真っ暗にしていた。

採点作業のひみつ

入学試験の当日、試験監督者は受験生よりも早く、日の出とともに出勤し、受験生よりも遅く、日の入りとともに帰宅する。

だが、試験が始まるほんの少しまえ、遅れて出勤してくる先生たちがいる。試験問題を作成したがゆえに、解答用紙を採点しなければならない、かわいそうな先生たちだ。

入試期間中、採点者は大学とホテルの間を往復する。合格発表までは自宅に帰れない。

外部との接触ができないようにケータイも取り上げられ、採点者は一週間ほど禁欲的な生活を強いられる。もちろんこんな生活に耐えられる先生は少ない。

夜のうちにこっそりと自宅へ向かい、朝一番でホテルに戻ってくる家族思いの先生がいるかと思えば、なかにはホテルに奥さんを呼び出す若い先生もいた。仲間内では、前者を「通い婚」と呼び、後者を「デリ妻」と呼んでいる。

年配の先生たちは慣れているのか、ホテルのラウンジで酒を交わしていたり、毎日のように連れだって夜の世界へと出かけたりしていた。

酒の匂いをさせて朝帰りをしようとも、採点さえしっかりこなしていれば、だれも文句は言えない。

しのろ教授などは、疲れ果ててホテルで寝ているだけだったが、夜な夜な出歩く元気な老人たちがうらやましくもあった。

早朝、ホテルのレストランで朝食を済ませたころ、玄関前に迎えのマイクロバスがやってくる。採点係の先生たちは、刑務所の囚人のように並べられ、車の中に押し込まれて学校へと送り届けられる。

大学本館の会議室で待機していると、一時間目の試験が終わったところで解答用紙が運び込まれてくる。それからすぐに採点作業に入る。

解答用紙にはマークシートと記述式の二種類があって、作業方法が異なっている。

マークシートの解答用紙はスキャナーで読み取り、パソコンにデータを読み込んでいく。

かなりの枚数だが、単純な作業ともいえる。

記述式の解答用紙は、先生たちが手分けをして手作業で採点していく。すべての志願者が受験する英語と国語では、相当な分量になる。

もちろん英語の採点には英語の先生があたるが、国語の採点には、国語以外の先生たちもあたる。

どの大学でも、先生のなかで一番多いのは英語の先生だ。「英語の平成学院」と宣伝するくらいあって、先生の半数近くは英語担当で、ネイティブの先生も多い。

英語の先生を総動員しても、採点は大変な仕事だ。日本人の先生は前半の読解問題を採点し、外国人の先生は後半の英作文を採点する。英語が読めないしのろ教授には、まったくお声がからない。

国語の採点はしのろ教授もやったことがある。採点といっても、解答はほとんど選択肢なので、模範解答を見ては、合っていればマルを付け、間違っていればバツを付ける。

漢字の書き取りだけは、一つひとつていねいに見ていく。模範解答の注意書きに「トメ、ハネまで、しっかり見てください」とあるので、しっかり見ることにした。たんに見ただけだが。

しのろ教授にもできる社会の採点には、手の空いた先生たちが次々に振り分けられていく。

日本史・世界史・地理の三科目とも、どれも記述式なので、採点は大変といえば大変だ。だが、問題は物知りクイズのようだから、きわめて機械的な作業となる。退屈ではあるが、二人一組なので間違いは生じないはず。

迷ったときには、問題を作った先生を呼んで指示を仰ぐ。カタカナで書かれた外国の地名や人名など、紛らわしい表現もあって、素人には判断できない。問題を制作した先生に聞いても、「どちらでもいいですよ」と軽く返されることが多い。しょせん試験問題とはその程度のものだ。

年号を答える問題などはいたって単純なのだが、歴史の先生ですら知らない細かなものもある。受験生の解答用紙をパラパラとめくって正解を探すのだから、専門の先生でも暗記ものは苦手なようだ。

採点方式はすこぶる単純で、すべての解答用紙に目を通してから、正解を多数決で決める。昨今の入試で、一番多い解答を正解にするという方式だ。多数決の原理に従った民主的なものともいえる。

かつて倫理が受験科目だったころ、しのろ教授は問題作成から採点までを任されていたことがある。

問題文の空欄に古代から現代までの歴史事項を書き込む穴埋め問題を作ったり、ギリシア・ローマから日本までの地名や人名を結びつける選択問題を作ったりした。

問題そのものが簡単だったので、ほとんどの受験生が満点を取っていた。だがこれでは受験生の間に点数差が付かないので、試験問題としてはよくない。

翌年には記述式の問題に変えてみたが、そうすると今度は空欄が目立つようになった。採点はたしかに楽にはなったが、これもまた受験生の間に差が付かないので、入試問題としてふさわしくはなかった。

こうしてしのろ教授は、入試問題の作成者からも採点者からも外されて、お払い箱になった。

桜の栞、卒業式

先生たちが入学試験に追われている間、学生たちは大学のキャンパスに入ることができない。授業もなければサークル活動もできないので、下宿生だと実家に帰省をしたり、自宅生だと友だちと連れだって旅行をしたりする。

旅行好きのしのろ教授は、学生たちに海外旅行を勧めている。海外旅行といっても、バブル時代のように免税店にブランド品を買いに行くのは止めにしたい。

ホームステイをしながら語学学校に通うとか、自動車学校に通って運転免許を取ってくるとか、もっと学生らしい休暇の過ごし方もあるだろう。

だが、せっかくの休みを無駄なく有効に使おうとするのも、会社員の有給休暇のようでいただけない。じっとして何もしないのが休暇のはずだ。

しのろ教授は、大学にいると奴隷のようにこき使われるので、休みの間は仕事を忘れて外国へ逃亡している。

入学試験の合間をぬって数週間ほど、うまくいけば一か月ほど、外国でのんびりと過ごす。過ごすといっても、星のついたホテルに泊まるのではなく、普通の家を借りて住むだけだ。滞在しているだけで観光はしない。地元のスーパーで買い物をしたり、近所を散歩したり、庭で子どもたちと戯れたりする。

ただそれだけなのだが、殺伐とした日本の大学を離れた生活は、ちょっとした息抜きになる。そんなことでもしないと、大学教授などやっていけない。

「学校の先生は休みがあっていいですね」

よく言われるので、そのときには、「いいですよ」と素直に言い返している。

「それほどでもないですよ」と、日本ではへりくだった返事を期待されるのだが、そんなことは決して言わない。

長い休みでもなければ、先生などやってられない。それくらい学校の先生は大変なのだから、休みくらいはちゃんと取らせてほしい。

暦の上では、大学は入学式に始まって、卒業式に終わる。学生にとってはそうでも、先生にとってはそうではない。当たり前だが、入学式の準備は入学式のまえに行われ、卒業式の後片づけは卒業式のあとに行われる。

信心深いしのろ教授は、ローマ法王グレゴリウス十三世が定めた暦に従って、春休みのあとに春学期が始まり、夏休みのあとに秋学期が始まる、と考えている。法王の教えにもあるように、「まずは休みなさい。そして働きなさい」というのが正しい。

学生からすれば、入学から卒業までの四年間が大学生活なのだが、先生たちはそのあともずっと働いている。卒業式から入学式までの間、新入生を迎えるための準備期間は、大学にとってはかき入れ時となる。

たえず新しい客を誘い込み、ベルトコンベアーに乗せて外へと送り出す。これが生き残りをかけた大学の姿だ。

三月下旬、四年生を送り出す卒業式に合わせて、しのろ教授は帰国する。

平成学院大学では、卒業が決まった四年生を集めて、卒業証書の授与式を行う。いわゆる卒業式なのだが、ミッション・スクールではこれを「歓送礼拝」と呼んで、大学のチャペルで執り行う。

入学式とは違って、このときばかりは選挙中の政治家のように、ザビエル学長が卒業生一人ひとりに握手をしてくれる。学長の特権を利用して、一渡り女子学生の手を握りしめると、場所を変えて「卒業パーティー」が催される。

かつては「謝恩会」といって、卒業生が在学中にお世話になった先生たちを招待していた。今では、恩師に感謝する学生などいないから、大学が主催して卒業生のためにパーティーを開いている。

こうすれば学生がホテルの宴会場を予約する必要もないし、先生方もお祝い金を持参する必要もない。

四年生のゼミを持っていないしのろ教授には、自分の学生と呼べるようなものはいない。それでもお声がかかれば、パーティー会場となったホテルへと足を運んでいく。

会場の受付で記帳をして、あとは知らない先生たちに紛れて立っている。ゼミを持っている先生たちは、一人ずつ名まえを呼ばれてひな壇で祝辞を述べる。

ゼミ長と呼ばれる学生代表が指導教授に花束を渡し、ゼミ生一同が取り囲んで記念撮影となる。これで先生たちの苦労も報われるだろう。

だが、しのろ教授のように教養科目だけを教えている先生たちには、そのような晴れの舞台はない。自分のゼミもないのだから、ゼミ生もいない。

学生と話をすることもなく、ひたすらその場に突っ立っているだけで、しのろ教授もこのときばかりは何とも寂しい気分になった。

入学から卒業まで学生は大事なお客さまなので、大学は新入生をあたたかく迎え入れ、卒業生を丁重に送り出す。

卒業後も、大学は学生との縁を引き続き保っておきたい。大学から卒業生にあてて寄付金の呼びかけがあるのはもちろん、将来を見据えて、卒業生の子弟を学院ファミリーに囲い込もうとする。

大学の先生としては、複雑な心境で卒業生を送り出すのだが、自分の子どものように思えた学生たちが、いつの日にか先生のことをふと思い出してくれれば、それだけで十分だろう。

教養部しのろ教授はそう思っている。

あとがき

勤め先の大学で、拙作の『カサブランカ』と『日々の栞』を朗読してみた。多少は学生の関心を引くものかと思っていたが、期待に反して、学生よりもむしろ保護者から、おもしろかったという感想をいただいた。

大学生が十八歳から二十二歳までとすると、学生の両親は五十歳くらいになるだろうか。ちょうど筆者と同世代になるので、学生よりも両親の嗜好に合ったのかもしれない。

現在では、若者の半分が大学に行くようになった。その親たちの世代、つまり筆者の世代では、まだ三分の一くらいしか大学に行かなかった。筆者の親の世代では、大学に行った人などそう多くはないだろう。

本書には、大学に行ったことのない人から見れば、びっくりするようなことが書かれているかもしれない。だが、何十年も大学に通っていると、そんなことでも日常の一コマとなってしまい、慣れてしまうものだ。世間の常識は大学では通用せず、大学の常識は世間では非常識となる。

逆に、大学の事情をよく知っている関係者からは、「ちょっと毒が足りないなあ」と言われるかもしれない。

断るまでもないが、しのろ教授や平成学院大学など、登場する人物や団体はすべて筆者が考え出したものだ。モデルがあるにしても、あくまでもユーモアの精神で描いたものなので、読者にはご寛容のほどを願いたい。

大学生やその保護者にかぎらず、どなたにも楽しく読んでいただければうれしい。

最後に、ナカニシヤ出版の石崎雄高さんにお礼を申し上げたい。わかりやすく表現するための適切なアドバイスをいただいたおかげで、やさしく読みやすいものになったと思う。

平成二十六年　春

紀川しのろ

著者紹介

紀川しのろ（きかわ・しのろ）
1961年、福岡県生まれ。『カサブランカ』（日本随筆家協会、2008年、日本随筆家協会賞受賞）、『日々の栞』（角川学芸出版、2010年）、『教養部しのろ准教授の恋』（ナカニシヤ出版、2015年）など。

教養部しのろ教授の大学入門

2014年4月25日　初版第1刷発行　定価はカヴァーに
2015年5月15日　初版第2刷発行　表示してあります

著　者　紀川しのろ
発行者　中西健夫
発行所　株式会社ナカニシヤ出版
〒606-8161　京都市左京区一乗寺木ノ本町15番地
Telephone　075-723-0111
Facsimile　075-723-0095
Website　http://www.nakanishiya.co.jp/
Email　iihon-ippai@nakanishiya.co.jp
郵便振替　01030-0-13128

印刷・製本＝亜細亜印刷／装幀＝南 琢也／イラスト＝山本友輔

ISBN978-4-7795-0817-2